本书由河北大学燕赵文化高等研究院学科建设经费资助出版

传媒集刊 2022 总第6辑

高贵武◎总主编

Research on Host Communication in China

中国主持传播研究

李亚虹◎主　编

中国传媒大学出版社
·北京·

总主编简介

高贵武：中国人民大学新闻与社会发展研究中心研究员、新闻学院教授、博士生导师，视听传播系主任。兼任中国新闻史学会视听传播研究会副会长，华东师范大学、浙江传媒学院、四川电影电视学院客座教授。主持国家社科基金及省部级课题多项，著有《形象制胜：新闻工作者的形象管理》《主持人评价与管理：思维·路径·方法》《出镜报道与新闻主持》《主持传播学概论》《解析主持传播》等，研究方向：视听传播、主持传播。

主编简介

李亚虹：河北大学新闻传播学院播音与主持艺术系主任，教授，中国传媒大学广播电视新闻学专业博士，2020年被评为河北大学名师，中国新闻史学会视听传播研究会理事、中国高等院校影视学会“广播专业委员会”理事和“音乐与录音专业委员会”理事、中国广播电影电视社会组织联合会有声阅读委员会高校工作部常务理事。国家级普通话水平测试员，河北大学国家语言文字推广基地主要成员。主要研究领域：播音与主持、广播电视新闻、新媒体内容运营、海洋新闻。出版两部著作，主持完成3项省部级课题，多项厅级课题，在学术期刊发表论文20余篇。

目　录

专题策划 | 价值·流变：智能时代的主持传播

播音主持史论与教学研究

主持传播前沿话题研究

主持传播跨学科研究

会议综述

专题策划|价值·流变：
智能时代的主持传播

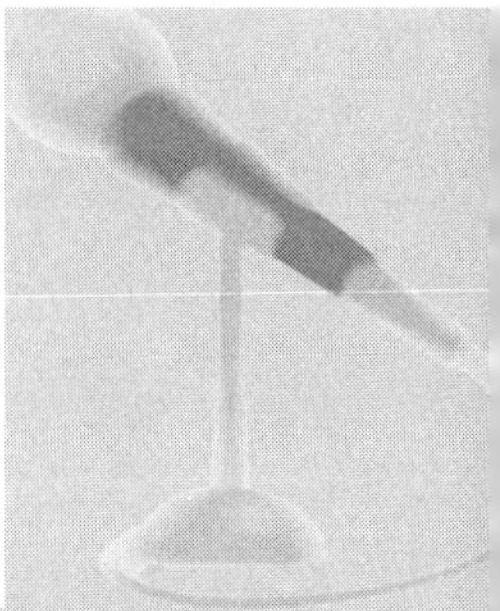

跨界与融合：传统媒体主持人的新媒体生存

◎方　琼*

新媒体如洪水猛兽一般，有着摧枯拉朽之势，没有给传统媒体留下充足的调整转变的时间，这让传统媒体猝不及防。这样的媒体行业生态也让部分传统媒体主持人开始思考如何生存的问题：新媒体时代需要什么样的主持人？新媒体时代的主持人应该怎么做？很多人茫然，好像无路可寻，也只能摸着石头过河。就像我已经当了将近23年传统媒体的主持人，已经熟悉了传统媒体的路数，突然面临转变、融合，确实是件很难接受的事。在2018年年底，就有人告诉我应该在新媒体端发力。但那个时候，我是拒绝的，甚至是排斥的，总觉得作为一名电视节目主持人，应该不断精进业务，努力做好自己的本职工作，把节目主持好才重要，转行新媒体多少有点儿不务正业。后来才发现媒体融合才是大势所趋，2021年4月份，我开始接触新媒体，顺应媒体行业的变化，坚持不断地调整，有了一定的转型成果，在新媒体账号也拥有了1000多万粉丝。

经过对新媒体一年多的学习与探索，我认为在新媒体时代，传统媒体主持人应掌握两个关键词：跨界与融合。主持是一门专业技术。无论是在传统媒体时代还是新媒体时代，教师终归要培养主持技术，学生必须要精进主持技术。所以对于教播音主持教师来说，必须教学生把基础打好，不仅要进行发音训练，还要传授如何“说话”，说得要发自内心，说得要言之有物。首先要多展开逻辑的实战培训，避免逻辑混乱，其次要加强对生活常识或社会知识的深入培训，最后也是最重要的是告诫学生摆正心态，把基本功、技术练好。在如今的新媒体环境下，教师还需要接触新的东西来不断地补充学科，甚至要改变部分学科的推进方式，来适应变化。

跨界与融合，关键是看其二者各自的“交叉”部分。我们可以将传统媒体主持人和新媒体主持人看作两条线，这两条线最好的状态是能够交叉的，找到交叉点，便能相互延伸，相互影响。在过去，电视节目有收视率、广播节目有收听率，才能有市场、有价值；新媒体时代，有播放量、点赞量，有数据，才能有市场、有价值，这便是

* 方琼，著名主持人、河北广播电视台播音指导。

传统媒体和新媒体的“交叉点”，即是否具有价值的衡量标准都是“商业转换”。

在跨界融合背景下，直播带货可以说是最有热度的商业转化，直播带货的关键是“人”“货”“场”。首先是“人”，即人设，主播要明白自己适合做什么，新闻、综艺、社教……找到自己的定位。传统媒体如此，新媒体也如此，只不过在新媒体环境下，要求主播更真实、更亲切、更精准，争取做到：我知道，你不知道；我懂的，你不懂；你我都懂，你不做我做；你我都做，但我比你做得好。其次是“货”，即直播带货的货品。对于主持人来说，其实可以将其理解成内容，要提供有趣且更有用的内容，“货”和“人”是相辅相成的，且新媒体要求垂直化，即给主持人分类，有专业的领域，这一点跟传统媒体也是一样的。最后是“场”，即氛围感、样态、形式。但这里面讲究很多，比如在什么样的一个环境下，如何塑造互动，采用什么形式来吸引受众，结合内容，用什么样的语境、肢体、表情来塑造感动、欢乐，进行反思。传统媒体时代，录制电视节目，要有观众，并且观众在录完节目后才能走，此外，还有领掌来专门活跃气氛。而新媒体时代，短视频靠算法来推送内容，受众不喜欢看便划走，直播更是。新媒体端是更残酷的，我们看到很多类型的直播，如室内的、户外的、家庭环境的……都希望通过一个环境场来吸引住观众，但更难的是，主播如何在语言技巧上、互动方式上抓住人，在没有分切镜头的情况下，几个小时始终是一个人，要靠沉浸式的互动抓住人，把这个场、氛围传递给屏幕外的，让使用户不划走，这些都需要我们日常不断地积累。

就上述来看，如果能做到人、货、场的交叉，便能在机遇与挑战并存的新媒体时代找到生存之路了。当然，从适应变化来说，要敢于尝试新鲜事物，精准地找到合适的转型状态有很大难度，需要不断地摸索最终找到交叉点。

我还想分享的是，如果打算步入新媒体，一定要做好充分的准备，这是一件很辛苦的事情。新媒体、大数据的优势是能够实时地进行数据反馈，可以准确地看出用户的需求以及节目的优劣处，这在某种程度上也倒逼着媒体人不断学习、更新，在业务上更加精进，明确知道观众想要什么，自己该传递什么。如果媒体人能够意识到这一点，或者通过尝试找到这一点，那么传统媒体和新媒体两条线就自然交叉了，能够延伸得越来越远。

其实对于播音主持学科来说，面对新媒体是有优势的。学校能够培养学生的新闻理论、专业技能，这便是先天优势，只不过需要实践和调整。同时，在日常学习的时候，也要多锻炼思辨的能力，不断培养自己的素养，更重要的是，学习人文的温度。虚拟主持人可以不用背词，可是专业主持人需要背词，这就体现了我们的温度，不然虚拟主持人替代我们的步伐会越来越快。简单来说，就是要回归到面对面的交流。不管隔着大屏，还是小屏，都要做到就像是面对面在跟观众、听众们交流。无论主持什么主题，什么内容，在保证真实性，权威性、娱乐性的同时，还要做到真实交流、有自己的特色和认知、抓住细节让内容更有画面感、更生动……这需要不断摸索、练习。

最后，想跟大家再分享一个感受，也能反映一些时代的变化——我记得我最开始做节目的时候，上台可能会和大家说："观众朋友们，你们好，我是方琼！"后来，跟大家熟悉了之后就说："大家好，我是方琼！"现在包括今后我可能都说："伙伴们，你们好，来啦！你们都是哪的小伙伴呀？告诉我们你在哪？"可能这种转变就是让大家回归到真实、亲切、面对面的交流。我们这些传统主持人，只要做好吃苦的准备，做好顺应时代、积极学习的打算，一定能在新媒体的洪流中争得一席之地。

（整理：河北大学新闻传播学院　周子涵、郭文静）

流变中的价值：演播艺术家口述史的文化记忆刍议

◎ 曾志华 *

一年一度的论坛，每年一次的学术聚会，让人期盼，也催人奋进。

今天，借助第五届中国主持传播论坛的平台，结合我和团队正在进行的项目，结合我们这次论坛的主题，从“流变中的价值：演播艺术家口述史的文化记忆”的角度向大家做一个汇报，同时，很多问题和思考也一并请教于各位方家！

从1948年至今，在七十余年的时间里，无论是中国的还是世界的口述历史生产、研究都发生了很大变化，各个方面的“口述史项目”层出不穷。我也在三年前，开始涉足这个领域。

2020年，我们获批国社科基金艺术学项目《中国演播艺术家与演播艺术发展研究》。

前期成果：2019年，《中国演播艺术家口述史》得到崔永元口述历史研究中心的项目扶持。

这两个项目，我们已经完成的工作：

1.截至2021年10月，课题组先后采制了陈醇、关山、王刚、瞿弦和、艾宝良、李野墨、廖菁、任志宏、王凯（凯叔）、姚锡娟、李慧敏、黎春、宋怀强、郭易峰、闻佳、姜广涛、周建龙、小曾、殷超、有声的紫襟、满超等近四十位演播者的口述史。

访问视频（音频）累计时长4255分钟。

整理口述史访谈文字942997字。

2.参加了2019年的口述历史国际周，并被评选为年度十大口述历史项目。

3.10月起，在播博汇公众号上推出两个版块，演播者说+大师小课。

4.预备将所有的转录文字，整理成册，出书。当然，这方面也有些顾虑人民大学的杨祥银老师说过这样一段话，“口述历史转录的弊端相当明显，它会造成许多内在意义的扁平化，尤其容易导致大量内嵌于口述历史音视频中的情感信息的剥离、丢失与变异”。我赞同这个观点，也在项目实践过程中有着深刻的体会。

---

* 曾志华，中国传媒大学播音主持艺术学院教授、博士生导师。

接下来，我想从“文化记忆”的角度展开，从以下四个方面谈谈关于这个项目的一些思考。

一、回忆产生的记忆被数字化保存

一方面，媒介技术让原本只储存在人的大脑之中的记忆得以电子化、数字化保存——演播艺术家（者）们的个体记忆成为可听、可看、可直观感受、反复研判的珍贵史料。

另一方面，我们在申报项目之初，就坚定地认为：用声音记录历史、记录时代的人，他们的艺术人生同样值得记录。

去年，曹灿老师，今年，关山老师、方明老师，相继离开了我们。在关山老师去世前，我们专程奔赴天津对他做了口述史的采制，我们庆幸；在曹灿老师、方明老师去世的时候，我们在悲痛的同时，更有遗憾：采访提纲都已经递交到对方手里了，但因为身体的原因，计划一直搁浅，未能如愿。

二、回忆产生的记忆是一种文化记忆

我们知道，“记忆”是基于人体大脑的，是一种纯粹的人体内部的生理、心理现象，属于脑生理学、神经学和心理学范畴。但是回忆过程中的记忆的内容，以及这些内容的组织整理、记忆被保留的时间长短等，往往与外部世界相关联。这个外部世界便是社会发展中的政治、经济、文化等因素。

演播艺术家（者）的记忆与中国演播艺术发展密切相关，与国家发展尤其是文化发展息息相关，所以，我们认定，演播艺术家（者）的记忆就是一种文化记忆。

三、文化记忆中集体记忆的作用范围

当然，“拥有”记忆的是个人，但个人记忆是受集体影响的。虽然集体并不能“拥有”记忆，但它决定了其成员的记忆，即便是最私人的回忆也只能产生于社会团体内部的交流与互动。

在20世纪20年代，法国社会学家莫里斯·哈布瓦赫提出了“集体记忆”的概念。哈尔瓦赫的核心观点是：记忆是受社会因素制约的。没有社会参照框架，个人记忆就无法形成和保存。

演播艺术家（者）口述史的采制工作，可分为前期和后期两个部分。前期，我们主要是按照年龄从大往下排，王刚、艾宝良、李野墨、姚锡娟、杨立新、宋怀强……后期，我们选择了不少中、青年，以及互联网平台拥有头部流量的新生代，王凯（凯叔）、殷超、满超、小曾，以及有声紫襟、一刀苏苏、幻樱空……

我们发现，不同年代的演播人，有不同年代的演播风格，当然也有着不同的回忆特点。比如，岁数大一些的演播艺术家，回忆时往往都有两个特点，一是主动、热情。不用多问，只要开个头，就状态积极，讲述生动。对于自己过去演播过的作品，如数家珍，很多都记忆犹新，往往会张嘴就来上一小段；二是记忆中总是与当时的社会环境、重大事件尤其是文化事件相关联。而年轻的演播者，回忆时相对比较平静，基本都是按照采访提纲，一问一答；讲述的也多是自己的个体经验。

用形象一点儿的说法，就是老一辈的演播艺术家，他们的讲述半径要远远大于新一代的演播人。这可以看作是不同时代的不同的集体记忆。

四、文化记忆需要“记忆之所”

文化记忆需要一个空间媒介的传承，这个空间是被符号化了的，是文化记忆的“记忆之所”。

无论是我们准备要出版的口述史记录的书，还是播博汇公号上推出的“演播者说”“大师小课”这些我们留存下来的资料，其实这一切都还不是传承的形式。只有人们听到了、看到了、传播了这些演播艺术家（者）的口述史，在口述史的记忆中认识了解了演播艺术的发展，同时有所触动、有所启发、有所共鸣、有所思考，才能让这份文化记忆所承载的意义拥有现实性。

现实性让我想到现在的AI，想到技术带来的变革，以及媒体从“融”走向了“智”的步伐。科大讯飞提供的这几段视频让我们震惊——现在的声音复刻已经可以到达这样一个地步。

我记得在播博汇论坛上，我曾经表达过我的观点。今天我依旧想再次表达同样的观点：

有声语言的表达，从来都有表意、表情、既表意又表情之分。目前，AI能做到的是表意，它表不了情！从艺术创作的角度而言，这便导致“灵韵”的缺失！

如果按照本杰明的说法，机械复制时代让艺术品的“灵韵”到了绝境的地步，那么，人工智能的语音复刻时代，已经让有声语言艺术包括演播艺术的“灵韵”完全缺失了！（至少目前是这样，以后的技术能发展到什么地步，难以预测。）

原因有二：

一是，作为有声语言艺术的创作主体，其原真性（独一无二性）的缺失。

二是，作为有声语言艺术的接受主体，其孤独性的存在。

从工具这个角度而言，我要说，欢迎AI的到来！

但我坚持认为，在有声语言艺术创作中，停连的处置、重音的设计、因情感分寸拿捏的语气、由情感起伏变化的节奏，至少目前，都是只有“人”才可能完成的。也因此，人的“灵韵”才可能使有声语言艺术有象外之象、景外之景。

当AI人工合成语音、虚拟主播进入我们的生活，引起我们这个行业或多或少焦虑乃至恐慌的时候，我想，演播艺术家（者）口述史生成的这份独特的文化记忆的价值就在于：她一定会给我们一些鼓励，让我们真正认识到作为“人”的价值所在，让我们能“攀上高山”“横渡狂风暴雨的大海”，让我们创作出更多“具有中国特色、中国风格、中国气派”的有声文化产品。

通与融：主持艺术与表演艺术的共生

◎ 刘云丹 *

主持创作和表演创作在技巧之间是能够相通相融以及相互借鉴的。周勇老师刚才提到我们中国主持传播论坛的重点越来越向科学技术这个方面发展，其实这正是时代发展的一个特点。诚然，技术的发展带来了传播平台和信息交流的变化。这些变化使传统媒体时代中受众所缺失的知情权、媒体接近权和信息发布权都得以广泛实现。于是原有的传播链条中各个环节的地位变化使信源、信宿之间的关系更加多元和不稳定。尤其在当下网络信息传播无序发展的状况下，代表着主流声音的播音员、主持人在职业创作、社会影响、传播效果等各个方面都面临了极大的挑战。这个时候对技术的思考和尽快适应必然是我们迫切需要解决的问题，但是如果相关的思考和应对断想离开了主持创作本身所固有的艺术特征、社会意义，那么似乎便有些舍本逐末呢？这个时期，作为播音与主持专业人才培养基地的高校，似乎更应该坚守“初心”，将专业创作技能这样看似“原点”的问题进行更加深入的思考，才是更好应对技术极速变化时代的牢固基础。我们注意到广播电视这在技术变化后创作成品最终呈现出来的形式，仍然是以文字、画面和声音这三大基本形态为主。因此在面对技术发展的同时，我们不应忘却自己创作的这个原点，始终遵守以人为本，为人民服务的原则。在遵守这一原则的基础之上，通过对职业创作技巧的提升，更好地在智能时代发展主持传播。

一、三位一体：表演创作与主持创作两者的共性

表演大师斯坦尼斯拉夫斯基在他的表演理论当中指出了一个核心，这个核心是说：“演员要把人性中最基本的喜怒哀乐的种子慢慢地挖掘出来，加以培植，再贯穿到动作之中，最终去完成人物的塑造。”而沃尔特·克朗凯特又说：“主持人的主要业务是表演。”这个表演不是狭义的表演，而是广泛意义上技艺的展现。

但是主持人其实和纯粹的角色扮演者并不相同，为什么呢？因为角色扮演者的

* 刘云丹，中央戏剧学院电影电视系教授、博士生导师。

最高目标是要塑造典型的性格，但是主持人的最高目标是要体现符合节目整体风格定向需要的形象。演员的创作，最终要塑造典型的性格、典型的人物；主持人的创作，是希望通过某些具有性格特质的形象，使受众更好地接收到传播内容。这是他们的区别，但是他们有一个共性，这个共性就是在创作的过程当中有一个原点，这个原点就叫三位一体。

其实三位一体非常简单，就是说："演员也好，主持人也好，他们集创作者、创作工具和素材以及创作成果于一身。"这也是他们的特点。在这样一个共同的特点之下，他们就在创作技巧当中有一定的相通处，这就是行动。主观精神学说的集大成者黑格尔曾经说过："能把个人的个性、思想和目的最清楚地表现出来的是动作，而人最深刻的方面也只有通过动作才能够见诸现实。"在表演艺术当中，一切都以演员的行动为基础，并且以自身为创作素材和工具来化身为人物形象，苏联戏剧家查哈瓦也说过："行动是由意志产生的、有一定目的的、属于人类行为的活动。"他还说："行动有两个基本的特征，一是由意志产生，二是有目的，它所有的目的都是要改变行动的对象，或者如此或者如彼地去改造它。"

二、通与融：现代表演学中的心理行动对主持艺术发展的启发

那么在现代表演学当中，把行动分为了三个大类，一个是心理行动，一个是形体行动，一个是语言行动；主要的表现支柱是形体行动和语言行动。作为主持人来讲，这也是我们在进行主持创作时的两大支柱。但是大家往往忽视了最为重要的心理行动。和形体行动、语言行动不相同的一点就是心理行动，它的目的不是改变物质的环境，而是改变人的意志，这种行动的对象不仅可以是别人的意识，也可以是行动者本人的意识。而对于节目主持人来说，表达和信息传播最主要的途径，以及给受众最直观的印象也是行动。对于我们传统的电视节目主持人或者新媒体视频中的主持人、主播来讲，语言行动和形体行动相当重要，这个重要性不言而喻，尤其是语言行动，因为主持人在主持节目的过程当中，就是借助我们的语言行动去影响受众和自己的思想和情感，即把语言作为一种为了达到节目要求的某种目的的手段。而我们的心理行动，往往由于其隐藏性以及下意识的特点被忽略了。

其实主持创作和表演创作一样，任何行动都可以概括为是由心理行动到形体行动和语言行动的行动，也就是说，任何一种行动其实都具有心理行动和形体行动。我们把这个形体行动简称为外部行动，也就是内部行动和外部行动两方面。

在表演学当中，行动的要素是有总结的，第一是做什么，也就是行动的任务，第二是为什么，也就是行动的目的，第三是怎样做，也就是说我们怎样适应它，我们用什么样的方法。跟演员一样，主持人做什么和为什么这么做，这个行动的任务和目的都是带着有意识的性质，他们都是可以受意识支配的，是可以预先设定的。我们主持人可以事先明确行动的任务，也可以非常清楚地找出自己行动的目的，而且还可以事先确定我们将采取什么行动去达到这个目的。

三、反馈与调整：心理行动对于主持传播质量提升的重要性

但是主持人的创作与表演创作有一个本质的区别，就是主持人事先确定的事情是有条件性的。主持人不可能完全了解在行动的过程当中，也就是具体创作的过程当中，会有什么样的意外在等待着他；他所有的脚本不是像台词一样“你一言我一语”人物的心理、行动是排练好的。演员塑造人物、行动的目的是推进情节的发展，而行动情节已经是剧作者艺术创作的成品了。可是主持人的所有行动都只是建立在节目策划的基础之上，行动的依据仅仅是节目的进程。现场的反馈不太可能像演员那样有预设。因此在主持人的创作过程当中，所有的行动其实都会得到参与者的反馈，而这些反馈也随时在决定着主持人行动的调整。于是，主持人原来所设想的怎么做就会相应改变。

简单来说，主持人在主持节目中的行动，是以主持人自身的心理行动以及内心事项为基础，以节目内容需要为出发点，运用语言行动以及形体行动进行信息传播交流沟通的一切活动的总和。主持人这个职业存在的目的就是极大地实现传播质量，所以主持创作在某种程度上来说，也是偏倚心灵的技巧。人类的文明经过这么长时间的发展，之所以能够达到今天的这个状态，可能就是因为人类的发展过程当中有一双翅膀，这个翅膀一直是艺术，一直是科学。艺术，偏倚的是心灵。科学，偏倚的是技术。

四、智能时代主持传播应追求技术与艺术的平衡

在当下的发展环境中，技术好比是一个有着铁一般的胳膊和腰脚的年轻人，他跑得飞快，他向前一直在奔跑着；而人类的心灵呢，更像一个白发苍苍的老人。老人和年轻人不应该是对立的，“年轻人”（技术）能不能够稍微地放慢一下脚步，等

一等这个老人（心灵）；而心灵，这个“老人”也能不能够加快一点步伐来稍微赶一赶技术这个“年轻人”？只有心灵和技术这样的一个智慧老人和年轻人并肩携手之时，才能够推动历史的车轮滚滚向前。

依托职业创作层面的主持创作，寻求表演创作当中“行动”这个技巧的借鉴，这是主持人这一职业在面对当今新的传播技术与平台变化、受众变化以及传播链条上各个环节的地位变化。我们所做的一些思考，也可以是借鉴。我们创作的原点永远都不会过时，与技术也可以进行一个结合，而不是排斥。

（整理：河北大学新闻传播学院　郝海琳）

中国虚拟播音主持报告（2021）

◎ 刘兴宇*

自2015年，“原微软小冰”出现在东方卫视的《看东方》节目中，2018年，新华社对外发布全球首个人工合成主播之后，虚拟播音主持就开始越来越受到学界、业界和公众的关注。那么虚拟播音主持为什么会出现？他到底能不能够替代实体主播？现阶段我们国家虚拟播音主持的现状是怎么样的？受众到底是不是喜欢虚拟播音主持？学界对于虚拟播音主持的研究开展的情况如何，未来还有哪些研究的空间和研究的方向呢？带着这些问题，依托于2020年国家社科基金项目《虚拟播音主持艺术研究》，我们成立了课题组，开始了相关的调研，现已形成了阶段性成果，今天我将向大家汇报正在出版中的《中国虚拟播音主持报告》，它更多的是一种图景式的勾勒，来为大家开展播音主持研究提供一些基本资料。

一、从人工智能到AI主播

当下一般认为，AI主播是指通过文本语音转换、自然语音合成、人脸关键点的特征提取、唇型识别、图像识别与合成、情感迁移等多项人工智能技术，通过多模态信息联合建模训练后，生成和真人相近的AI视觉形象，或者是AI数字人产品。虚拟播音主持是人工智能发展的产物，现已成为业界和学界的共识。那么，AI主播是怎么出现的呢？我认为，它是人工智能深刻渗透到社会生活的各个领域的必然产物，但是，它也仅仅是人工智能和媒体协同发展的一朵小小浪花。

胡百精教授在发言中说，我们的研究要“向史”，所以我想简单地介绍一下人工智能发展的历史。从1950年图灵在《计算机器与智能》中提出“机器能思考”开始，到1956年美国达特茅斯会议首次提出了AI的概念，人工智能的发展开始进入一个波浪式前进的过程。这当中有突破式的探索，不断的失败带来的低潮，也有随着计算机技术的发展带来的高潮。1997年深蓝战胜了俄罗斯的卡斯帕罗夫，2016年阿尔法围棋与职业选手进行的人机围棋大战，把人工智能推向了舆论的制高点。

---

* 刘兴宇，浙江传媒学院播音主持艺术学院教授。

我国的人工智能研究起步比较晚，1981年中国人工智能协会在长沙成立，1985年钱学森发表了我国人工智能领域的第一篇文章，1986年清华大学出版《人工智能机器及运用》，可以看作是国内人工智能的第一部专著。1984年，邓小平提出，计算机普及要从娃娃抓起，计算机技术的发展迎来曙光，人工智能的相关项目开始进入国家的科研计划。进入21世纪以后，包括国家自然科学基金、863计划、973计划等开始更多地支持人工智能领域的课题，研究大多集中在应用方向。近两年来，习近平、李克强都多次提到了人工智能发展的重要性，国务院和相关部委也先后发布了“中国制造2025”“互联网+人工智能三年行动实施方案”等，人工智能的发展已经上升为国家战略。

在媒体领域，技术一直是媒介形态变化的重要的驱动力量。人工智能对于传媒业的影响，同样也是技术变革的应然。现在普遍认为，传媒领域的人工智能应用还处在“专用人工智能”阶段，也就是协助人类来解决具体问题的阶段。媒体业只是采用了以运算和存储能力为依托的运算智能的一部分，所以我们判断它处在初级产业化阶段，或者是叫作弱应用状态。但是即便是如此，人工智能技术也开始进入了媒体生产的全链条，例如在生产阶段，最为普遍的就是机器人写作、预测新闻、数据新闻等。《人民日报》曾用“云剪辑师”来创作音视频内容，新华社还用过生物传感机器。在分发阶段大家最熟悉的就是算法推荐，还有我们今天说到的虚拟播音主持，另外就是全链条的流程整合，例如新华社打造的“媒体大脑”，《人民日报》打造的“创作大脑”等。从政策推动上来说，2019年5月，广电总局发布了《广播电视人工智能应用白皮书》，2022年，广电总局又发布了《广播电视和网络视听“十四五”发展规划》，其中有明确的篇章提到了将来要推动虚拟播音主持的应用。

AI主播是人工智能在广电领域的具体应用。大体可以分为，机器人外形、2D AI主播、3D AI主播、语音合成主播、二次元虚拟形象主播等不同的呈现方式。

1.0时代：初登场

2000年4月1日，英国联合报业新闻媒体公司研发的“阿娜诺娃”在www.ananova.com网站上播出了第一条新闻，被认为是世界人工智能主播史上的开山之作。这位AI主播只有头部，表情也十分僵硬，在当时引发了极大关注。

此后，一系列虚拟形象被推出，从2D到3D，从只有头部到拥有全部身体，从只有虚拟人物播报到拥有演播室进行播报，虚拟主持人日渐成熟，被越来越多媒体关注和使用，并引发了全社会对“主持人要下岗”的担忧。

2004年，央视CCTV-6电影频道推出了国内首位虚拟电视节目主持人——小龙，主持《光影周刊》栏目。小龙采用了3D形象技术，据说面部形象集合了刘德华、梁朝伟和金城武的“脸部精华”。小龙的上岗，说明中国国内CG技术（computer graphics，指利用计算机技术进行视觉设计和生产）开始从电影工业级走向消费级。当然，小龙的形象在今天看来仍然十分僵硬。

然而就在2004年，阿娜诺娃等虚拟主持人退出媒体一线，其原因是制作成本高昂，其次，语言、表情、肢体动作等方面与真人主播仍然有着不小的差距，而且视频生成时间较长，不能满足新闻生产的时效性要求。在这之后的十多年间，AI主播市场进入了“黑暗时代”。

2.0时代：多元发展

随后，人工智能技术飞速发展，语音识别、语音合成、图像识别、图像合成等技术不断前进，加之视频网站的兴起给虚拟主播提供了新的应用平台。2015年后，虚拟主播开始再次进入人们的视野，在这个时期出现了基于不同技术取向的不同呈现样态。

其中，第一类是非拟人形象。2011年，辽宁抚顺广播电视台推出了广播界首个虚拟主持人小雪。2015年12月，东方卫视《看东方》栏目推出与微软合作的天气预报人工智能机器人“小冰”，2017年，西安广播电视台推出了机器人主播“石榴娃”，花椒直播平台推出了机器人主播“图图”和“灵灵”。这些机器人主播没有真人的形象，语言表达机器特质明显，能进行简单的播报、对话和辅助编导。

第二类是虚拟主播中的一个小分支——二次元虚拟形象主播，这一模式主要发端于日本推出的动漫虚拟主播“绊爱”（Kizuna AI），这股热潮很快蔓延到中国，央视也曾推出二次元虚拟主播“新科娘”，不过并未引起较大反响。上海东方卫视2020年第三届中国国际进口博览会的直播报道中推出的虚拟主播申雅仍然使用这一技术。但这一模式前期需要数据采集，中期需要动捕设备，后期需要对视频进行再加工，制作成本较高，难以大规模推广。

第三类就是现在较为普遍的真人形象虚拟主播，这个阶段以2D形象为主，是AI虚拟图像生成技术的发展使然，也是虚拟主播努力进入视频领域的市场需求使然。2018年5月，安徽科大讯飞携手杭州相芯科技打造了虚拟主持人“康晓辉”，他与央视记者江凯一同主持了《直播长江》安徽篇，还在现场进行了实时互动。“康晓辉”采用的是虚拟形象生成技术（PTA），该技术大大降低了生产成本，但“康晓辉”的背后还是用真人驱动虚拟形象。

3.0时代：AI合成

在2018年中国互联网大会上，新华社联合搜狗以主播邱浩为原型推出了全球第一个AI合成男主播“新小浩”。2019年年初，新华社又推出了“新小萌”，表情更加丰富生动，语言表达情感更加丰富，还能稍稍调整姿势。同时，“新小浩”从坐姿变为站姿也是一大突破。随着大数据、算法、云计算等技术的不断进步和人工智能合成、分身、交互技术的飞速发展，这个时期的AI主播在语言、表情、唇形、动作等方面的合成呈现上，以及在计算机神经网络的深度学习上已经更加成熟，可以说这个阶段的虚拟主播才是真正意义的“AI主播”。

2019年两会期间，科大讯飞又发布了全球首个人工智能多语种虚拟主播“小晴”；与中央广播电视总台打造了首个AI虚拟记者“通通”，并在我国第二届“一带一路”国际合作高峰论坛期间推出《AI记者“通通”游世界》系列节目，画面声情并茂，其表现与原型记者几乎没有差别。2019年科大讯飞与人民日报社合作推出了人民日报社首位AI虚拟主播“果果”，原型来自人民日报社主持人果欣禹。

总体上看，新华社、央视和人民网等中央媒体的人工智能主播应用处于领先地位，个别地方媒体人工智能主播的应用也较为突出，包括四川封面新闻的“小封”、无锡日报的“禧宝”、长城新媒体的“冀小蓝”、合肥电视台的“王小健”、澎湃新闻客户端的“小菲”、浙江卫视的“蒋莱莱”、中国教育电视台的“小安”等，但在应用水平上还有较大提升空间。

这个阶段还呈现出一些特征，即西方发达国家尽管在人工智能领域拥有前沿技术，但却在合成主播领域逐渐失语，我国在相关技术应用上大幅领先。另外，AI主播目前多应用于新闻播报、天气播报等固定文本播报，在情感交互等方面应用较少。

二、中国AI主播发展案例

现阶段国内比较具有代表性的AI主播有科大讯飞、新华社与搜狗、小冰、二次元主播申雅。由于时间的关系，这里仅介绍一下科大讯飞的技术脉络。科大讯飞可以称得上“智能语音的国家队”。2017年，科技部宣布了首批人工智能国家队的四家公司，科大讯飞是智能语音技术领域公认的领导者。

虚拟主播的语音是怎么生成和复刻的？2008年以前最开始用的语音技术叫作“音节合成技术”。文字转化成声音，在中文当中可以简单理解为拼音或是音节，在汉语中一共有1000多个带调的音节，最原始的方法就是把这1000多个音节全都录完，合成的时候遇到哪个字，就匹配相应的音节，但呈现的听觉效果比较差，仅仅是能够听清信息。之后就进入了波形拼接技术。这个阶段，需要先录制上百个小时的数据，合成时进行不同的系统组合，它会先分析语句当中的前后关系，然后再把它组合起来拼成一句话。这样呈现的效果更贴近真人说话。在这个阶段，如果文本比较生僻，或者是样本语料库当中从来没有涉及该内容，那么进入筛选机制时，就没有办法贴合文本所需要的场景，合成的效果就比较差。

到了“隐马尔可夫模型”时期，技术路线就已经开始进入机器学习的范畴，这是一个概率模型，在语音生成里没有具体的单词来源，而是把原来的语音信号、数据转化成声学特征。之后的“RNN模型”“端到端模型”就是进入了深度学习的范畴，系统已经开始分析句子的意思，在输出的时候同时为下一个时刻提供参考，而且继续参与下一个时刻的输出，这样的结构使网络有了一定的记忆功能，这种技术已经类似于我们人类大脑的运作了。再之后的多模态结构就将语音、视觉、文本信息结合起来，推动人机交互的升级。

三、受众认知与学界研究

在调研的过程中，我们进行了一次受众认知的调查，共回收到2330份有效问卷，其中有73%的人知道AI主播，但是只有9%的人明确表示“很喜欢”；有68%的人在对形象进行选择的时候，更喜欢类真人的虚拟主播形象；有87%的人认为虚拟主播不能够替代实体主播。这五个数字只是我们整个问卷调查的很小的一部分，我们用专业的数据分析软件对问卷进行了全面的分析，请大家关注即将出版的报告。

学界对于AI主播的研究，从2000年到2015年大概只有288篇文章，从2000年到2015年，这15年间只有42篇，这是一个起步期，学者们主要聚焦于这一新生事物带来的媒介影响。2016年到2018年开始进入活跃期，人工智能进入大众研究视野。2019年到现在短短两年多的时间可谓是爆发期，有220篇相关文章，其中包括本体特征、多维影响、传播特质、情感表达、应用优劣等方面的研究，多点发力，成果丰硕。在未来，从播音主持艺术的视角以及本体认知的艺术视角、发展影响的多维学科视角和伦理法律的边界视角出发，仍有很大的研究空间。

虚拟主播是人工智能在传媒领域发展的必然产物；弱人工智能状态仍将持续，其中的技术伦理不可忽视；市场与专业的需求造就应用了空间，内容与情感诉求也不可或缺；当下研究正处于热潮中，研究的视野亟待拓展，因此欢迎有更多的同仁能够加入虚拟播音主持研究的行列中来。由于时间的关系，很多内容未能展开，更多的是提纲挈领的陈述，谢谢各位。

（整理：河北大学新闻传播学院　兰天宇）

从动员到共情：数字媒体时代主持传播的情感结构

◎战　迪*

播音主持研究的范围由三大部分组成，第一是学科发展史，第二是学科核心理论，第三是学科批评，任何一门人文社会学科都是由这三部分构成的。就我们学科而言，我认为关于主持专业在理论研究方面仍然有很大的拓展空间。具体而言，有一些方向是亟待我们正视和修正的，在这里我希望以一种建构式而非挑战式的研究态度来和大家进行探讨。

当下主持传播研究具有四大症候：首先是对传统成熟理论的重复性阐释和征用，其次是有热点无前沿的虚假繁荣，再次是以交叉学科之名简单挪用、移植外部成果，最后是预设结论、为既有观点正名。这四大症候共同制约了播音主持学科发展的科学性，也是学术创新的一个重要瓶颈。

在当下的人文社科领域，情感转向成为一个重要议题。主持人是和情感息息相通的。曾经我们认为主持人是有多质性（新闻工作者性质、艺术传播性质等）的，我认为艺术化的口语传播性而非新闻性居于首要位置。

我们不能否认的是主持人是共情色彩非常浓郁的一个职业，在这个职业生态当中，我们会发现既往的很多观念都无法得到共识，为什么呢？理由非常简单，因为情感一直认为是流动的、变动不居的、羚羊挂角、无迹可寻的，甚至有人会将情感和观念简单的搭建起来，但是20世纪90年代以后出现的一系列情感理论的发展，对我们今天研究主持人情感，进而折射到社会情感的变迁，奠定了非常扎实的基础。

一、社会语境的更迭与主持传播的情感流变

我们认为社会语境的更迭与主持传播的情感流变是密切相关的，所以我们首先来引出语境的概念。为什么要说社会思潮的流变呢？因为源自语言学、生发于文

* 战迪，深圳大学传播学院副教授、博士生导师。

化学、并广泛应用于各个学科领域当中的语境意识具有锁定性、生成性、可建构性和可追踪性的特点。正是因为上述的四个特点，才使语境意识的分析对于任何一个人文学科来说，都显得极其重要。

从文化学的意义出发，自二十世纪八十年代以来，每个时代都拥有属于自己不同的时代主题，例如八十年代是满载着光荣与梦想的文化启蒙和除旧布新的思想解放的繁荣阶段；九十年代踏上了全面奔小康的经济快车，文化发展让位于经济发展；新世纪的第一个十年，公平、均衡、可持续发展成为时代的主题；在新时代，随着现代化进程的建设，跨文化交流的不断密切，我们今天的每个人都站在时代的风口浪尖上，接受跨文化的洗礼。我们会发现，八十年代主持人的草创的具有全民动员的性质，和当时的时代风格是密切相关的；在九十年代，随着主持人品牌理念的兴起，既往社会秩序的结构化和现代化社会全民狂欢的反结构化之间发生了激烈的冲突。每个人都通过自己反结构化的力量，使个体的情感得到独立张扬。

在新世纪的第一个十年，生活美学使来自西方的日常生活审美化的观念沁入人心，生活情感进入主持传播的舞台当中，时尚化、明星化、国际化的主持阵营再造了我们属于这个时代的生活化的情感面向。

在新时代，一系列的机遇和挑战摆在主持人面前，这个时候言由心生的主持情感与时代发生了共振。从20世纪80年代初全民动员的情感效果一直到今天共情效果的达成，既是一种时代风潮的转变，更是一种情感理念、情感结构的变迁。

二、数字文化的情感转向与主持传播的情感结构

在第二部分，会提到数字文化的情感转向与主持传播的情感结构。情感研究到目前为止已经比较成熟了，它集中体现在三部分，首先是在商业文化侵蚀的过程当中，个人情感都会被商业化，比如电影当中的情感，主持传播中的情感等，我们称之为后情感。后情感社会带来的后情感主义具有一种预设的、假定的、操控的和可重置的重要特征。

情感理论的研究，主要是从西方的行动理论开始的。情感有快乐、悲苦和欲望这三种基本类型，其他形态都是由上述三者所决定和延展的。情感的产生是后天的，而不是先天的，在人和人，人和物，人和社会，人和环境相互促进的过程当中，就产生了偶然性的情感，所以说情感是私人化的，是偶然性的，这说明了为何情感

研究在过去被有意无意间忽略。虽然情感是被偶然性激发出来的，但情感能够延展到社会，由此衍生出我第三个重要的议题：情感结构的议题。

由雷蒙德·威廉斯提出的带有唯物主义色彩的情感结构意义，强调的不是技术决定论，而是文化社会的共生论，这其中包含我们共通的具有共情意味的情感。对这种情感的凝聚和考察，将会对我们社会生态和社会思潮的诠释具有重要的指导意义。数字媒体时代的主流的、精英的大众文化，并非铁板一块的，在经由主持传播的一种舞台和环境当中，由国家意志的、精英意志的、大众意志共同作用产生的一种具有共情色彩的情感，为我们进行这方面研究提供了重要的启发价值。彭兰教授曾指出，在数字媒体生态当中，我们不再是以前物理社会当中人和人之间的连接，而是情感人—情感人之间的连接，因为每个人都可以通过自己的话筒发声，曾经的高音喇叭已经被今天的全民的麦克风取代，所有人的情感汇聚成流量效应，也具有共情意义。所以在数字媒体时代，不但没有消弭情感，反而使情感人—情感人的传播成为可能。

三、数字媒体的场景混合与主持传播的情动赋能

在数字文化生态下，具有人文价值的情感转向和情感传播具有重要的意义，主持传播的情感结构由如下几方面构成，第一是场景融合，这为不同平台之间搭建了沟通的情感桥梁。第二是情感叙事变得异常丰富，其将现实生活当中的弱关系和弱链接表达转向一种强关系和强链接。第三是数字技术的可供性，常江教授将数字情感分为实践情感、公共情感和理性情感，这三种情感是理性和情感搭界的产物，换言之，情感虽然是丰富的，但并不是不可以追溯、不可以诱导、不可以凝聚共识的。最后是虚拟现实，虚拟现实是一个流动的现实，它是由中心化到去中心化再到再中心化的路径发展的。

混合媒体场景中的主持传播理应将“共情”作为理想的传播诉求，通过情感了解主持人的创作，了解主持人的时代理念，同时也通过主持人这样一个具有时代风尚的文化坐标来理会大众文化的时代格局的变动不居。

（整理：河北大学　郭文静）

2021中国网络音频产业新方向

◎ 杜远智*

2016年我的职业身份发生了一个转变，从中央人民广播电台辞职变成了一名全职创业者。虽然这个变化是巨大的，但我一直坚持在自己热爱的声音事业上。很幸运遇到了知名配音演员季冠霖老师，我们一起成立了冠声文化这家公司。

冠声文化是一家专注于做声音产业的公司，主要业务包括视听创新剧、自制剧和声优商务，都是以声音为核心。如果大家是移动音频的使用者和爱好者，应该在很多的网络音频平台上听过我们的作品，包括有声剧《台北人》《惊悚乐园》《浮生六记》，广播剧《整容游戏》《穿到明朝考科举》《百足宠物诊所》等，还有我们独立制作的有声书，比如《重回1990》和与河北大学合作的专业实践项目广播剧《廖承志回太行》，以及在很多平台上拥有高播放量的多人有声剧，如《谁是凶手》《高智商犯罪》《两京十五日》《斗罗大陆》《狐妖小红娘》等，这些都是我们冠声文化制作的。除了出品和制作音频产品之外，我们还会对一些影视作品进行配音，包括影视剧、动漫、电影等。2021年冠声新开拓了中文播客业务板块，也成立了我们自己的播客厂牌。我们出品的第一档栏目叫《原来如此》，是一档邀请了知名美术史学者曹星原老师进行对谈的节目。这档节目在QQ音乐独家上线，首周就取得了单期4.6万的播放量。除此之外，很多高校培养的播音与主持艺术专业和表演专业的毕业生也是我们公司签约的对象，我们会帮助他们成长为职业声优，并让其参与到更多的作品中。

一、走进网络音频产业

很少有学者会对网络音频做精准的定义，“网络音频”这个名词在国内外的定义也不一样。我在这里主要说明的是它狭义的定义——指在线上出现，不包括数字音乐在内的，如有声书、网络剧、音频直播、音频节目或者网络电台节目，又叫作在线音频或长音频。

* 杜远智，北京冠声文化传播有限公司CEO。

在主持传播论坛上分享关于网络音频产业发展的新方向，我觉得有两个数据是特别值得关注的。第一个数据是，到2020年全国网络音频用户规模已经达到了5.5亿，而2021年这个数值已经超过6亿。而我们看到的市场规模也已经在2020年达到了近300亿元，所以在如此广泛的用户基础之上和如此巨大的市场的体量之上，探讨网络音频发展方向是非常有意义的。

二、国内网络音频产业的发展阶段

随着技术的变革，我们看到在传媒形态当中，尤其是传播内容和与我们播音主持专业相关的职业的迭代。2014到2020年的这几年，因为移动互联网技术从4G发展到了5G，我们看到了大家在移动收听、收看方面的强烈的需求，所以这个时候出现了新的职业——包括有声主播、声优和带货主播。罗杰·费德勒在《媒介形态变化》一书中说道："媒介形态的变化不是单一要素造成的，而是技术的革新、社会竞争和压力以及可感知的用户需求导致的。"所以我也简单回顾一下中国网络音频产业的四个重要发展阶段。

（一）探索时期：2011—2014年

第一个阶段是2011年到2014年，这个阶段其实主要是探索期。在网络音频平台上看到的大量内容，其实是从传统的广播电台搬运过来的。所以无论是在当时的喜马拉雅、蜻蜓还是考拉FM上，其实我们没有听到太多专业的PGC机构生成的内容，而都是以大量的UGC内容和电台内容为主。

（二）版权时期：2015—2016年

第二个阶段是2015到2016年，叫作版权时期。这一时期也是养成用户收听习惯的一个重要阶段，很多人会选择在这个时候下载手机上的移动音频客户端去收听有声读物。各大品牌也基于自身的版权机制，建立了自己的内容的"护城河"，比如说阅文集团和喜马拉雅的合作、蜻蜓和中文在线的合作，还有一些小众的品牌和一些出版商的合作，等等。

（三）内容付费时期：2017—2019年

第三个阶段是2017年到2019年，即内容付费时期。在这个阶段有一个非常重要的现象就是罗振宇带着"得道App"向市场发起了进军。我们也在喜马拉雅上听到了《好好说话》这样的付费课程，知识付费风潮开始兴起，而由此也拉开了网络音频平台用户付费模式和付费习惯的养成。这是前面的三个阶段，我们恰巧是在2017年成立的公司，赶上了黄金时期，所以我们也能够享受到音频付费模式逐渐成熟的红利。

（四）生态构建期：2020年至今

2020年至今，我把它总结为生态构建期，这个时候各大网络平台都在抢占用户的时间，并且做内容的差异化拓展。其目的很简单，一方面为了把用户“抢回来”，另外一方面是为了拓展自己的变现渠道。比如所有音乐App都可以听书、听小说，比如还有专门给孩子听的《凯叔讲故事》等，以及可以听AI智能主播演播的番茄小说等。

三、国内网络音频产业在生态构建期的发展特征

（一）IP有声精品化——自制或引进优质内容进行精细化运作

在生态构建期，因为各大品牌要去抢占用户时间，所以必须要拿出精品的内容，第一个趋势就是IP有声精品化。各个平台会自制或者引进优质的内容进行精品化的运作。我们公司出品或制作的作品，其实都是在IP有声精品化的发展趋势下进行的。我们主要是和版权方或内容平台方进行合作，直接拿版权，或者由平台来给我们发单并进行制作。

据了解，很多大学生也会参与有声书的录制。有一个让人感到恐慌的消息，那就是AI智能演播技术目前已经可以解决市场上B级、C级、D级所有的演播，且生产效率极高，演播的水平也不仅停留在把文字变成声音，也可以加入情感和停顿。更重要的是，大学生一般在平台上接一本书，一小时大概是80块钱到150块钱不等，而平台选择AI智能演播技术，每生产一小时的成本是1元到5元不等。所以可想而知，未来如果播音主持专业的学生不好好练习专业的话，那么B、C、D级书会被AI智能主播去演绎了，大学生只能去播B级以上的书，而B级以上的书大多掌握在专业的生产机构手中，因此播音主持专业的学生要把自己的专业能力锤炼到可以把艺术和技术充分结合的地步，才能够在市场中分得一杯羹。

（二）音频内容+社交互动——提供新的消费内容，带来了新的商业模式

第二个发展的趋势是“音频内容+社交互动”，这是2020年发生的巨大变化。有数据显示，2019年全国的中文播客达到2000个，而到了2020年已经涨到了1万个。我粗略估计，2021年应该有接近10万个中文播客。而国外英文播客目前的数字是160万，而美国的网站调查数据显示，全美国78%的美国人都对播客不陌生，而且12岁以上定期收听播客的人数竟然超过了1/3，接近1.04亿人。可想而知，由“音频内容+社交互动”的中文播客带来了新的网络音频平台的消费模式，我把这叫作中文播客的自“卷”式发展。

很多人都不明白播客和传统的广播电台有什么样的区别，我们同样用数据来解释。2020年，在中国听中文播客的人群当中男女比是3∶1，所以男性听播客的会更多。另外，听众的年龄普遍在35岁以下，并且86.4%的听众都有本科以上的学历，而他们大部分分布在一线和新一线城市，未婚比例超过了74.6%。

目前播客的市场还没有竞争得特别激烈，那播客的形态有什么呢？看起来真的很像过去的传统广播电台的节目。有主播之间的多人聊天，可叫作清谈类；有嘉宾做客的访谈；有主播单人的讲述；有叙事故事的讲述，以及广播剧或表演类内容。比如说叙事类的《故事FM》，清谈类的《大内密谈》，个人口述类的《Steve说》，等等。

其实播客和传统广播电台最大的差别是它不能“掺水”，或者说不能掺太多水，我们叫作“可以有持续输出有价值的干货，并且可以不断创新形式”。目前在国内，大部分是清谈类播客，比较少有叙事类播客。如果我们把在广播报道课程中学到的广播剧制作和采访内容加入进来，就会有很多新的播客形态进入市场当中。

（三）产教融合，校企合作——特色专业共建、实践项目生产、人才培养活动

冠声文化一直愿意和各个高校进行产教融合的校企合作。首先可以和高校进行有声内容上多个专业特色方向的共建，尤其是对表演专业的影视配音方向、播音主持专业的有声演播方向、录音艺术的声音后期、戏剧影视文学专业的有声剧制作方向和制片管理专业的制作人方向进行专业特色构建。同时，我们还可以和高校进行实践项目的构建。例如我们和河北大学合作的广播剧《廖承志回太行》，在多个中央主流媒体上进行播放。除此之外，我们也可以做商业化的内容，在平台上变现。最后，2021年在中国网络视听节目服务协会的指导下，我们联合国内几大声优

工作室举办了《我是优等声》的声优大赛。大赛将会开通广播剧和影视配音两大赛道，辐射全国线下多个城市，直接用B站和广播剧作品的IP角色进行声优选拔，并开放声优工作室的签约机会。我们希望能够通过比赛在各大高校中选拔出一批优秀的声音人才。

（整理：河北大学新闻传播学院　焦亚肖）

新文科建设视域下播音主持学科的建构进路

◎ 高贵武 *

新文科的提出是近三年的一个重要话题，在2016年5月份，习近平总书记在哲学社会科学工作座谈会上提出了一个重要的思想，即发展中国特色社会主义，必须要高度重视哲学社会科学，这为哲学和社会科学的发展提出了新的要求。在传统的印象中，我们一般把哲学和社会科学称作“文科”，但实际上，除社会科学之外，人文科学也非常重要，哲学社会科学在当今的时代环境之下，遇到了一些问题，我们要围绕这些问题来做一个调整，对于如何调整，我们需要找到一个方向，这个方向就是新文科提出的大背景。

一、新文科建设的核心与要义

2019年，新文科概念被正式提出，并走向了具体的实施阶段。文科经过国内、国外多年的发展，现在正处于瓶颈期，特别是在技术成为一个重要的社会力量和社会因素的条件之下，社会科学、人文科学的发展都碰到了很多问题。我认为应围绕着三个意识去解决这些问题。首先是使命意识，即要明确人文科学和社会科学在新的形势下，到底能起什么作用？到底要承担什么样的使命？其次是问题意识，新文科建设要注重现实问题、关注社会需要，对各种新形态、新现象、新困惑做出阐释、给出回答。最后是历史/历时意识，要结合古今中外，对中国文科体系结构再反思。那么如何去解决文科面临的这个问题？如何去发展新文科？综合学者的观念，主要有以下几点：第一是继承与创新，第二是交叉与融合，第三是协同与共享。对于具体的科研与教学工作，要在研究新的问题、研究新的方法、研究新的理论视角等方面落实。

除了三个意识之外，在新文科建设的核心与要义方面还有如下三方面：其一是理论的融合性，要尊重文科整体性、系统性、相通性与多元协同性，要实现学科的交叉、跨界融合与范式重构。其二是方法的重构性，要摆脱路径依赖和范式固化，

* 高贵武，中国人民大学新闻学院教授、视听传播系主任、博士生导师。

在顶层设计与整体架构上大胆创新。其三是问题的民族性，要凸显个中国特有的世界观、方法论，要体现出中国特色与价值主张。

二、播音主持学科的发展与瓶颈

首先，职业训练框架下的学科建构。在学科的初创期，工种化、技能化的知识生产与建构偏向于操作或实践，借助对其他学科知识的重组与合集辅以实践经验总结提炼形成知识体系。在成熟期，行业的高速扩张与高度的职业化定位使学科建设与发展受到既有知识精致化与应景式细分。在突破期，出现了知识生产停步不前、理论建构稀缺、被学界公认的重大突破或创新不足等问题。

其次，单一范式下的学科疆界。例如最早的“广播电视有声语言表达”以声音为边界，以语言表达技巧与审美为对象，以广播电视传播为语域的科学范式。再后来一些学者不断在理论体系与范式建构方面做出努力，但既有的研究仍主要专注于学术视角的方面，而传播规律、社会影响、关系建构等方面议题有所忽视。

最后，技术变革下的学科短板。广播电视时代其实是挤入人与人之间视听传播的“另类”之一，剥夺了人类原生态传播的交互与平等。主播从传播场景、交互逻辑、受传关系到用户角色等方面都发生了巨大的改变，现行的学科知识体系、学科建构与师资构成新型传播人才的需求之间的差距日益显著。

三、新文科建设机遇下的播音主持学科重构进路

新文科建设机遇下未来的学科重构大概有这样几个方面。

一是建构播音主持学科的逻辑新起点。播音主持实践“有着强烈的技术属性和现实属性”，单向表达的艺术逻辑制约了对播音主持的过程性、完整性与社会性的理解。知识生产的重心转移到以“人”为核心的“人与语言”的整体性传播活动，并放置于播音主持实践的结构、角色与功能等多学科融合的视野之中。

二是人才培养中“通才”与“专才”的重新定位。学科人才的两大特征决定学科人才的“通才”与“专才”的矛盾运动——广渗型，非独立性（依附性）。通才是指不限新闻传播等传媒学科的融汇，甚至不局限于文史哲学科的融通，而是文理融通，文医融通，文工融通，借助多种学科视角解析人的生存发展状态、社会的运行规，从语言传播、信息传播等方面把握不同传播语境与传播实践。专才也不仅仅是

对一个方面深耕，而是体现为播音主持实践与特定行业与领域的高度融合。

三是拓展学科建构疆界，转换学科建构范式。其一是拓展知识生产疆界，开掘知识体系新的增长点，跳出广播电视场域以及单纯大众传播场域，与多层次、多领域的社会时空结合，开掘知识体系新的增长点。其二是重构知识地图，建构多范式对话场，将原有的有声语言拓展为有声语言、符号修辞、行为仪式、交互场景与社会心理等多种范式的对话场。其三是引入科技思维，顺应技术融合。播音主持学科需要充分引入技术思维与融合技术形态，建立与技术相互理解与支撑的学科。其四是拓展外向事业，开掘国际价值，让播音主持传播形态在国际舞台上诠释中国文化，呈现中国声音，展示中国精神与塑造中国气质等层面的机制与规律。只有充分地体现出疆界的拓展，使各个学科之间相互借鉴、相互交流，那未来才有希望，如果只是进行内部的循环，或者说是内卷，那注定是一个死循，所以这也是新文科的建设给我们打开了一个思路。

马克思说过：历史的逻辑从哪里开始，理论的逻辑就应该从哪开始。今天的历史、技术、现实，已经为我们描绘出来了这样的一种逻辑，所以我们学科的发展在新文科背景之下，也就要从逻辑的起点开始。新的逻辑起点上的知识生产与学科范式重构，既是播音主持学科对学科发展瓶颈与不足的改进、优化，也是对新科技条件下学科再造、升级的突围。知识图谱的重建、知识生产疆界的拓展、人才培养体系的更新等，将是播音主持学科面临的紧迫而重要的任务。

（整理：河北大学新闻传播学院　郭文静）

综合性大学播音主持专业“五维一中心”培养模式探索

◎ 李亚虹*

很荣幸能够借第五届中国主持传播论坛的机遇向大家介绍一下河北大学播音与主持艺术专业的建设思路，我将从学科现状、办学特色、教学痛点、培养模式的探索四点展开演讲。

一、全国播音主持专业现状

我国高校播音主持专业的开办情况不再过多介绍，总体呈现出数量大、历史短、学科弱的特点。其中值得注意的是2010年前后，我国开办播音专业院校的数量呈现暴增现象，且学科发展速度很快，所谓“学科弱”的特点在今天的语境下更准确来说应该是“学科较弱”。

二、河北大学播音主持专业的办学特色

（一）办学早，就业好——区位优先，订单式输出

河北大学播音主持专业前身为广播电视新闻学播音主持方向，创办于1998年。自办学以来已培养18届500余名毕业生，其中120余名毕业生就业于一线媒体，110余名毕业生考取了985、211院校研究生。还有众多毕业生从事媒体、高校或政府机关的语言传播相关工作。区位优先指的是优先面向河北省及京、津地区就业，订单式输出是指许多学生毕业前已经与媒体签订就业意向书。优秀毕业生有我院培养的研究生央视新闻主播郭志坚、梁艳，央广节目主持人舒新、林慧思，还有就业于新华社、香港电视台、各大省台卫视的播音员、主持人。

* 李亚虹，河北大学新闻传播学院播音与主持艺术系主任、教授。

（二）基础厚，层次全——金字塔式知识结构

我们的学生学科基础扎实。我们响应教育部全面推进新文科建设的号召，进一步改进“金字塔”型知识结构的播音主持人才培养框架。其中位于金字塔底层的是本专业。依托于我校文、理、工、医学科齐全的优势，学生可以自由选择校内开设的选修课，拓展知识边界，提高广义备稿能力。位于金字塔支柱部分的是我们立足文学、新闻传播、艺术的三大支撑学科，创办切合时代需求、符合本校特色的专业模块。位于金字塔核心地位的是我们自办学以来一直坚守中国播音学的核心理论。位于金字塔顶层的是我们开创了播音主持专业的三个方向，分别为新闻播音主持方向、文艺播音主持方向和冬奥体育解说方向。立于当前形势，我们的新闻播音主持主要面向传统媒体；文艺播音主持面向有声书等新媒体、自媒体领域的人才需求，如我们与冠声文化合作的广播剧，就做到了产学合作，协同育人，冠声文化的多名员工也是我们的优秀毕业生；冬奥体育解说致力于培养解说“专才”，与我校体育教研部合作，聘请专业体育教师为学生授课。其次是办学层次齐全，我们还拥有本、硕、博多层次人才培养结构。

（三）团队强，名师多——专职学养深厚，兼职誉满天下

为全面提升我们专业学生的综合素质，我们有一支专业素质过硬的核心教学团队，团队教师高级职称达到80%。除此之外，我们还聘请了多名校外名师，如方琼老师、郭志坚老师、王世林老师等都是我们的兼职教授。同时，最近几年我们的教育教学成果也颇为丰富，优质课程、课程竞赛频繁获奖，各奖项层次齐全。虽然我们距离一流专业还有一段路程要走，但我们一直在路上，并且一直在走“上坡路”。

（四）品牌大，有独家——打造金牌活动，开辟冬奥体育解说方向

我们着力打造的独家品牌“新声语艺节”（下文简称为“新声”）已经影响到17个省、市、自治区，“新声”语艺节的前身是我们开办了五年的“声动河北”主持人、朗诵大赛，而我们的“新声”也已经举办了四年。在这开办的九年间，大赛吸引了全国各地5000多名学生广泛参与。做一件事容易，但是一直做一件事是一件不太容易的事。

在全国高校中第一个开设“冬奥体育解说”方向，我们先后进行了冬奥体育解说虚拟仿真一流课程的建设和志愿者培训，并与芬兰凯撒卡里奥体育学院合作在2019年培养了一批优秀体育解说人才，后来因为疫情原因我们自己也开始独立培养冬奥体育解说人才。

三、教学痛点

（一）新媒体、新要求

我们必须注意到，随着传媒环境的剧烈变革和发展，“网感”突出的网络直播、电商带货，新闻发言人、音频平台有声书演播等多样化业界样态应运而生并呈现出较强的生命力。显然，我们的教学理念与目标及其指导下的教学环节设计都已不再适应最新的业界人才需求。

（二）新时代、新学生

在习近平总书记关于“高校各类课程与思想政治理论课同向同行，形成协同效应”的重要讲话背景下，高校各专业融入“课程思政”工作刻不容缓，具有重要的理论意义和实践意义。我们过去的教学理念——“播音员、主持人是党的宣传员”这一认知一直贯穿在教学中，对训练资料的选择也一直重视政治思想的高度和文学艺术的规范性，但是面对00后一代更加特立独行、强调自我实现、思政教育薄弱的新特点，一直未能提升到“课程思政”的高度，缺乏教学过程中的“有意”注意。

（三）空间小、控场差——语言艺术创作的控场能力不足

过去教学中重点培养的学生语言艺术创作路径仅限于课堂内的话筒前与演播室中的训练已远远不够，当前语言艺术的创作必须要有对舞台丰富的空间认知，同时随着社会传播格局的改变，主持人的舞台控场能力也被赋予了新的内涵，亟须我们在教学设计上予以回应。

（四）象牙塔、缺实践——理论向实践的转化度不够

过去的教学实践仅限于精选的教学素材在课堂内的训练，教学的“质”与“量”不能满足当前媒体环境对多样化话语样态的训练与培养需求，亟须拓展课堂理论教学与新媒体平台实践的对接，将课堂理论教学成果转化为大量的新媒体平台实践成果。

同时，过去的课堂教学为学生们提供了较为精准和丰富的狭义备稿训练，但仅仅局限于“象牙塔”内的认知层面，教学效果展示也多以校园语言艺术活动和晚会等形式为主，亟须走出校园，走进群众、走进基层和第一线，增强真正意义上的对广义备稿的教学训练，同时增进校园内外的互动。

四、培养模式探索：守正创新

（一）教学理念——守正

守正，一是守住《中国播音学》核心理论之正；二是守住“党的宣传员”身份之正，树立“我”的形象；三是守住教学方法之正，遵循大课理论教学与小课指导教学相结合的艺术教育规律，四是守住教学案例和练习素材之正，精选典型案例和练习材料。

（二）教学内容——创新：“五维一中心”培养模式

“五维一中心”培养模式，是指以“课程思政”为中心，通过校内教学，从线上与线下相结合、台上与台下相结合、校内与校外相结合、国内与国际相结合、历史与未来相结合五个维度重构教学内容，全面适应新时代国家对有声语言艺术人才培养需求。

1.一个中心——思政课程为中心

在教育部课程思政改革号召提出后，我们对课程思政的重视提升到了理性认识的高度。不可否认，“口语能力”这一教育核心是我们本学科教育的“题中应有之义”，而对于传媒工作者的培养，思想政治教育更是不能忽视，因此，在五个维度的教学中，我们始终坚持将思政教育放在核心位置。

2.第一维度——校内教学，线上与线下相结合

我们围绕课程建设了微传播矩阵——两微一抖，包括“新声语艺节”微信公众号、微博、官方抖音号，要求定时定量上传学生实训作品，并将其纳入课程评价体系，激发了同学们的创作热情，提升“网感”。有老师问：“为什么不培养学生做抖音等短视频账号呢？”实际上我们并不需要专门去培养，因为我们专业的学生自己会主动去从事相关实践。目前，我们的学生中有一批已经成为“网红”。但是我们需要学生在我们的微传播矩阵中按要求完成实现综合能力提升。

同时，我们与著名播音员、演播艺术家合作，为网络平台创作红色经典主题作品，使这里成为“课程思政”的重要阵地。2020年2月25日至3月22日，微信公众号“新声语艺节”连续推出了23期师生朗诵的抗击新冠疫情系列作品，总浏览量超过6400次，反响良好。2019年4月我们组建由中国之声著名播音员和我们的师生共同

组成的“马恩经典著作”录制团队，录制《马克思和恩格斯关于中国事件、问题的评论》有声书，并已经与“学习强国”平台达成合作意愿，将于近期上线。2021年录制完成讲述无产阶级革命家廖承志在邯郸涉县西戌镇工作的广播剧《廖承志回太行》，于2021年1月4日被中宣部“学习强国”首页推送，2021年5月1日到5月4日在中央广播电视总台中国之声和“云听”客户端播出。

3.第二维度——考核方式，台上与台下相结合

舞台朗诵是提升学生播音创作能力、掌握创作规律、提升控场能力的最佳方式之一。登台表演能够有效解决当前教学中学生控场能力训练不足的问题。因此，“以赛代练”“以演促练”，台上台下相结合的培养成为教学内容重构的第二维度。

值得一提的是，2021年我们对《播音创作基础》课程的考核方式做了进一步改革，全面升级结课考试的难度和广度。由过去题库抽题播读，改为组队或单独参加原创作品朗诵大赛，并要求教师进行三周课堂教学的指导。这一改革极大促进了同学们的创作积极性。如果说过去的“新声大赛”是优秀学生的舞台，那么结课考试就是全体学生的舞台。在考试过程中，涌现出一批“黑马”，激发了学生的“潜能”。2021年的优秀作品《悬崖》，更是获得了第四届新声大学生原创作品朗诵大赛的“新声”大奖，也获得了中国传媒大学“齐越艺术节”的最佳艺术表现奖。

4.第三维度——教学实践，校内与校外相结合

我们组建了讲英雄故事、诵经典文化的“新声语艺推普团”，采用“推普+巡演”的方式，让语言艺术美的种子撒向大地。“推普”使我们切实走进小学课堂去推广普通话，助力推普脱贫攻坚和乡村振兴，切实提高了学生“广义备稿”的能力，并提升了实践教学的质量。“巡演”是展示我们五年“声动河北”和四年“新声”大赛中的获奖节目，这九年以来的所有获奖作品在每年比赛完就“走”了，那是没有价值的，所以我们让后来的学弟学妹们再去重新学习和展示，把我们原创的燕赵大地上涌现出的英雄故事进行展演，在以优秀文化滋润人心的同时，也让学生得到了舞台实践锻炼。

5.第四维度——开阔视野，国内国际相结合

我们与芬兰联合办学，开展与国外大学合作双学位培养、2+2教育等，面向未来，增强双语播音主持能力，提高超前意识。同时也助力于服务2022年北京冬奥会，与芬兰凯撒卡里奥体育学院联合建立“冬奥体育项目解说通道班”，深入张家

口冬奥赛场学习，在后冬奥时代为学生开辟联合就业渠道。

6.第五维度——建设学科，历史与未来相结合

建设学科，需要借鉴其他学科的理念、研究方法，进一步开阔视野，提升研究能力和水平。除了进行河北播音史研究、冬奥人才培养研究以外，值得一提的是，我们学院刚刚建成了人机心理实验室，我们可以结合心理学的方法来进行科学研究。脑电图、心电图、眼动图等仪器可以进行生理信号同步采集、行为数据同步采集、刺激反应记录、键盘事件记录等工作。将人和机器联系起来，通过看广告或者看朗诵作品后的心理反应得出科学的实验数据，以此来进一步支撑自己研究的观点。

以上就是向大家介绍的综合性大学“五维一中心”的培养模式。同时也欢迎大家关注“新声语艺节”，谢谢大家！

（整理：河北大学新闻传播学院　焦亚肖）

播音主持史论与教学研究

冬奥体育解说人才培养研究

◎ 李亚虹 陈昌辉 肖靖涵*

摘要：随着2022年北京冬季奥运会的临近，“冰雪运动热”渐兴，冰雪产业发展速度加快，冬奥体育解说人才短缺问题凸显。论文根据我国冬奥体育解说人才存在的需求大、水平参差不齐、后备乏力和选拔规格缺失的问题，提出冬奥解说人才应具备的要求，从口语表达、冬奥知识储备、专业英语听说、虚拟仿真实验、中外联合培养、赛事志愿服务等方面阐释了冬奥体育解说人才的培养路径。

关键词：冬奥，体育解说，人才培养，虚拟仿真

前　言

冬奥会全称为“冬季奥林匹克运动会”，是世界规模最大的冬季综合性运动。每四年举办一届，1994年起与夏季奥林匹克运动会相间举行。参与国分布在世界各地，包括欧洲、非洲、美洲、亚洲、大洋洲。由国际奥林匹克委员会主办，各参与国以城市为单位承办。第24届冬奥会由中国北京和张家口联合申办成功，将于2022年2月4日至20日在这两个城市举行。届时将有7个大项15个分项共计109个小项在这两个城市进行比赛。承办冬奥会这样一个大型的运动会，对于相应的冰雪人才的需求量非常大。按照《中国冰雪产业发展研究报告》①预测，北京冬奥会要求8万名冰雪专业人员的参与。按照人才类型，除了比赛竞技性人才，别的冰雪人才主要包括项目执行人员、创业创新人员、市场服务人员和冰雪管理人员等。由于地理环境、大众接受度等方面的原因，冰雪项目在我国一直处在蛰伏状态，冰雪人才的缺口巨大，成为2022年北京冬季奥运会迫在眉睫需要解决的问题。

冬奥体育解说人才，也是冬奥服务必备的人才，在数量与质量上同样不容乐观。随着2022年北京冬季奥运会的临近，冰雪类赛事转播的增多，冬奥体育解说人

* 李亚虹，河北大学新闻传播学院播音与主持艺术系主任，教授，硕士生导师，研究方向为播音主持、融媒体视听表达、海洋新闻；陈昌辉，男，河北大学新闻传播学院，副教授，研究方向为播音与主持艺术、新媒体语言；肖靖涵，女，河北大学新闻传播学院新闻学专业学生，研究方向为广播电视新闻、播音与主持艺术。

① 国际数据集团（IDG）联合华腾冰雪产业机构，中国冰雪产业发展研究报告（2018）[R].（2018-9-16）.

才短缺的问题越来越突出，作为冰雪人才培养助力单位的高校如何在一定周期内培养出一批合格的冬奥体育解说人才，是亟待解决的问题。

一、我国冬奥体育解说人才现状

我国体育解说起源于1936年的足球实况广播，截至目前有着80多年的历史。改革开放以后，伴随着我国体育事业的高速发展，体育解说也呈现出发展快、基础厚、人才辈出等特点，相继涌现出了一批又一批具有代表性的体育解说员，如20世纪70年代的陈述、张之、宋世雄，80年代的韩乔生，90年代的黄健翔以及如今不断成熟的新晋解说员刘星宇、陈滢等。①但是在冰雪运动解说方面，人才比较匮乏，具体来说有以下几个特点：

（一）冬奥体育解说人才需求量巨大

2022年北京冬季奥运会共有7个大项15个分项，分别是高山滑雪、自由式滑雪、单板滑雪、跳台滑雪、越野滑雪、北欧两项、短道速滑、速度滑冰、花样滑冰、冰球、冰壶、雪车、钢架雪车、雪橇、冬季两项。这15个分项里面又包含109个小项目。2022年冬奥会期间，这些比赛都将在广播电视和网络媒体进行播出。这就意味着，所有的比赛项目，都需要有专业的体育解说员进行解说。

国家体育总局于2018年9月5日正式公布《“带动三亿人参与冰雪运动”实施纲要（2018–2022年）》，以文件的形式正式把“带动三亿人参与冰雪运动”明确为政府的工作目标，为我国冰雪产业的发展带来了明显的催化作用。冰雪场馆的建设，冰雪赛事的增多，冰雪产业的快速发展，不会因冬奥会的结束而停下脚步，后冬奥时代，必然会有大量的冰雪赛事的举行，这些赛事的转播，同样需要冰雪体育解说人才。由此可见，在未来很长一段时间，对于冬奥冰雪体育解说人才都将存在巨大的需求。

（二）现有冬奥体育解说员专业水平参差不齐

我国现代冰雪运动开始于19世纪末，冬季运动项目的普及程度较低，直播的赛事也相对较少，相应的专业的冬奥体育解说员的数量也很少。媒体官网、中国知网以及相关资讯报道等资料显示，目前，哪怕是冰雪运动相对发达的东北三省也尚无

---

① 王建强.中国电视体育解说的现状研究［D］.北京：北京体育大学，2010.

专业的体育解说人才，冰雪运动解说员仅出现在中央电视台转播的各大赛事中。其中比较知名的几位，也都是从其他体育项目转过来，兼做冬奥项目解说的。比如韩乔生和张斌，就是从原来著名的足球解说员“跨界”解说冰球和花样滑冰项目。在2014年索契冬奥会解说中脱颖而出的陈滢，本身是英语专业，是在从事听译的过程中转而开始解说花样滑冰比赛的。另一位同样在索契冬奥会的冰壶项目解说中表现比较突出的姜毅，其之前解说的主项是飞镖比赛。而在2018年平昌冬奥会解说短道速滑项目中成名的刘星宇，在大学期间是一名皮划艇运动员，在央视工作后则长期解说篮球项目。同时，在2018年平昌冬奥会转播过程中，央视特意邀请了叶乔波、庞清、佟健和刘秋宏等冰雪名将和单板滑雪国际裁判张辉等专业人士参与到解说中来。他们具有非常优秀的专业技能，对解说员的解说也起到了非常重要的辅助作用，但由于缺乏专门的体育解说培训，他们还不能独当一面。

解说员的跨项、“兼职”，在一定程度上影响了冰雪项目解说的专业性和深度，仅有的几位解说员也难以覆盖所有专项。一个合格的体育解说员不仅需要具备体育学专业技能，还需要掌握语言学和新闻传媒学方面的专业知识，更需要学习和了解文学、史学、哲学、艺术学等方面的内容。[①]因此，打造一支对不同专项有深入研究和独到见解的冬奥解说队伍迫在眉睫，也是长远之计。

（三）冬奥体育解说人才后备乏力

目前我国冬奥体育解说人才主力军数量不足，高校作为培养体育解说后备人才的摇篮，是否为此做好了准备呢？

高校播音主持专业人才培养的根本诉求，是要培养具备音视频节目有声语言传播技能的专业人才。据不完全统计，我国设有播音主持专业的高校有300多所，当前，中国仅有6所体育院校开办播音主持专业体育解说方向，包括西安体育学院、武汉体育学院、广州体育学院、上海体育学院、北京体育大学，成都体育学院。设有体育解说方向的高校课程设置主要集中在奥运会的28个大项上，篮球、足球等球类运动较多，其课程设置包括体育评论与解说、运动技战术分析、体育现场报道等，并没有专攻冬奥会冰雪项目解说方向类的院校。

之所以如此，是由于一直以来我国冬季运动项目没有得到充分发展。而且，从以往冬奥会的赛事转播来看，中央电视台转播较多的项目是我国运动员运动成绩较好的冰上项目，对于雪上项目，除非有中国运动员参加的比赛，一般都不会安排赛

---

① 崔义刚，贺蕾.我国体育解说评论的主要问题及对策［J］.东南传播，2014（4）：138-140.

事直播。[①]在这种情况下，对于冬奥体育解说员的需求量一直以来都不大，各高校的人才培养自然也不会向这个专业倾斜。

目前我国的冬奥项目解说员从事这一工作，主要是靠个人爱好和际遇，比如在大学期间是一名皮划艇运动员的刘星宇，在“谁将解说2008北京奥运会主持人大赛”中脱颖而出，成为北京奥运会的解说员。随后他在2018年平昌冬奥会解说短道速滑项目中解说成名。

（四）冬奥体育解说人才缺乏明确的选拔规格

体育解说是运动赛事中的重要环节，体育解说员是传播、普及体育赛事的基础性人才。在我国越来越多的媒体认识到体育解说方向的空缺，对相关人才的选拔活动越来越多。但通过在全网对相关资料搜索发现，在这一领域至今还未形成一套统一的、成熟的人才选拔标准。冬奥体育解说作为其中的一个专项，其发展更晚，从业人数更少，培养选拔体制更是不完善。

二、冬奥体育解说人才要求

对于冬奥体育解说人才的要求，既有与所有体育解说人才标准相一致的地方，又有自己的特殊性。这一部分将对冬奥体育解说人才的要求，从即兴口语能力、专业基础知识、专业英语听说采写能力、实战解说能力、体育精神和国际化思维、人际沟通能力几方面展开论述。

（一）冬奥体育解说员应具备过硬的即兴口语能力

冬奥体育解说员应该具备过硬的即兴口语表达能力，可以针对比赛过程中发生的各种情况进行即时的解说和评论。冬奥解说员的即兴口语能力的评判标准如下：

1.吐字清晰，语言规范

就当前国内体育解说人才的发展趋势看，越来越多的运动员退役后，凭借他们过硬的体育运动专业本领转型为体育解说员和评论员。例如有些嘉宾解说人员，本身是专业运动员，有丰富的比赛经验和专业技巧，懂战术，但是会存在有方言、语速过快表达不清的问题，影响观众理解。冰雪运动速度快，瞬息万变，所以更需要解说员口齿清晰、普通话语音标准，语法规范。应持有普通话水平一级乙等以上证书。

---

① 李金宝.试论中央电视台索契冬奥会赛事解说特点［J］.传播实务，2014（11）：66-69.

2.眼疾嘴快、敏捷应变

体育比赛的最大魅力就是不确定性，众望所归未必能得金牌，脱颖而出的“黑马”往往出奇制胜。冰雪运动的特点是流光溢彩、激情澎湃，速度极快，瞬息万变。运动员在赛场上的一点微小的失误，都会对比赛的过程和结果造成巨大的影响，甚至失去比赛资格，这就对解说员的语言能力提出了更高的要求。在冬奥会转播中，口误也会经常出现，比如报错运动员名字等。因此，解说员应该眼疾嘴快，既发现并抓住关键动作失误，又能迅速解说出来，分析出来。眼快、嘴快、脑子快，是对冬奥体育解说员的基本要求。

另外，除了比赛过程中出现的突发情况，有时候场外因素也会影响比赛的转播。如比赛中因故中断、直播信号故障、场内外冲突影响比赛进程等，此时解说员一定要能够敏捷应对，保证直播的顺利进行。

3.出口成章，富有文采

冰雪运动是速度与激情的结合体。出口成章，富有文采是对冬奥项目解说员的审美要求。广受好评的央视花样滑冰解说员陈滢，就是这样一位优秀解说员。她的评论总是能够运用诗一般的语言，恰如其分的表达情感，打动人的心灵，为众多观众所喜爱。比如陈滢在庞清佟健的自由滑冰比赛中曾这样解说：“自由滑节目《我曾有梦》表达了这对牵手21年的老将对赛场的眷恋与不舍，以及对职业生涯站上最高巅峰的渴望。本届奥运会是他们的谢幕表演，他们的职业生涯让我想起了1933年在索契，苏联作家奥斯特洛夫斯基完成的著作《钢铁是怎样炼成的》中的那句话‘人的一生因当这样度过，当他回首往事，不因虚度年华而悔恨，不应碌碌无为而羞愧。’34岁的他们用他们21年的青春，实践了对事业的追求。我想说，‘命运赋予每个人不同的轨迹，不是所有的付出都会如愿得到回报。纵使未获金牌，他们也依然身披华彩！’”

4.语言富有感染力、幽默丰富

任何体育比赛，都是一种对抗性的运动，“更高、更快、更强”是所有体育运动的追求。运动员们在比赛中不断挑战人类运动的极限，观众们则在观看比赛的过程中和运动员产生一种共情。在这种情况下，体育解说员的解说，则必须能够具有强烈的感染力，除了第一时间介绍赛况之外，还要能够把运动员的运动精神、运动项目所体现的精神，通过自己的语言传递出去。我们在观看体育比赛的直播时，没有人希望解说员的解说一直保持客观、冷静，没有丝毫态度，而是希望他们能够充满激情，点燃观众们的热情。从我国老一辈的著名解说员宋世雄，到紧随其后的韩乔生、黄健翔，再到中生代的贺炜、段暄、于嘉、苏群，再到新生代的刘星宇等，虽然解说都有各自鲜明的特征，但是充满激情、极富感染力的语言，是他们风格上的共性。比如刘星宇在解说平昌冬奥会的短道速滑项目中，解说武大靖的突出表现时喜极而泣。他边哽咽边说："武大靖干干净净第一个冲过终点，没有任何问题"，"当所有压力都集中在他一个人身上的时候，他顶住了。没有人可以追得上影响到武大靖，感谢武大靖，他用打破纪录酣畅淋漓的大胜创造中国男子冰上竞速项目的突破"。

在充满激情，富有感染力之外，体育解说员的语言如果再适当地增加一些幽默元素就更好了。对于冬奥体育解说员来说，比赛中可能发生很多戏剧性场面，如果解说的过程中除了正常的赛况解说外，可以观察到更多有趣的切入点，采用幽默的表达方式进行讲解评论，既能与场面相映成趣，又可以带给观众轻松和愉悦，一定能够给观众留下深刻的印象。例如，在2014年索契冬奥会上，央视著名体育解说员韩乔生与著名导演、演员同时也是冰球专家的英达组成"英韩组合"解说央视转播的冰球比赛。"冬奥会是'有钱人的奥运会'，夏奥会是'大家的奥运会'。""我觉得应该这么说：冬季奥运会是发达国家和不差钱国家的运动会。"他们二人的解说过程中妙语横生，既有无厘头的插科打诨，也有幽默的犀利点评。

（二）冬奥体育解说人才应具备专业基础知识

想要成为一名优秀的体育解说员，不仅需要优秀的语言表达能力，还需要掌握扎实的体育专业基础知识。对于冬奥体育解说来讲，主要包括以下内容：

1.了解冬奥运动的起源与发展

冬奥体育解说员，必须要对冬奥会的历史和渊源有较为深入的了解。一方面要具备必备的基础知识，使之成为解说中的素材，另一方面只有了解冬奥会的历史，才能更深刻地理解冬奥的精神，让我们的解说有深度，有灵魂。

2.掌握冬奥会各大项分类特点

2022年北京冬奥会一共有7个大项15个分项，这些大项和分项的分类特点，是需要解说员掌握的。一个大项当中的各个分项和各个小项，有其共同的特点，把握住了大项的分类特点，更有利于快速掌握其中各个小项的特点，保证解说任务顺利完成。

3.有自己擅长的若干小项

我们无法要求一名冬奥体育解说员，在所有的冬奥体育项目上都成为专家，但是每位解说员都应该成为若干小项目的专家。对自己主要解说的小项目，解说员一定要像教练员一样了解技巧战术，像运动员一样掌握运动技巧，像裁判员一样掌握裁判规则和尺度，像史学家一样了解该项运动的历史，像“狗仔”一样掌握每一个运动员从比赛到生活方方面面的信息，这样才能在解说台前有条不紊、如数家珍地进行解说和评论，圆满地完成解说任务。

（三）冬奥体育解说员应具备专业英语听、说、采、写能力

无论是基于体育活动的国际属性，还是从20世纪的乒乓外交到2008年北京奥运会，都在提醒我们熟练的外语基础对于体育工作的重要性。为冬奥培养具有国际化高素质的体育解说后备力量，仍需一套规范的国际体育英语课程。冬奥体育解说员既要求掌握扎实的英语解说采访语言，包括体育历史文化、了解体育组织、竞赛和主要项目等方面的采访语言，又要求具有一定人文素养，在体育外事活动、志愿服务和“后冬奥时代”的旅游文化方面熟练从事翻译、管理等工作。

对于冬奥会项目来说，不像夏奥会运动项目具有较高认知度，许多“陌生又遥远的”术语（terms）以及其中英文差别，都无形增加解说难度。故系统学习项目英语名称、不同项目的专业术语、各类大项的分类特点、运动员生平以及口语采访和应变能力十分重要。此外，创造与外籍裁判的交流学习机会不仅能够更加直观学习到新鲜实用的体育英语知识，还有利于帮助树立体育领域的国际化视野。

（四）冬奥体育解说员应具备强大的实战解说能力

对于项目的了解、比赛规则的学习、比赛渊源历史的掌握、运动员的认知，仅仅靠死记硬背掌握住，不见得在解说中能够灵活地运用出来。真正好的解说员，必须掌握临场应变的能力和强大的抗压能力。目前国内的解说员人才主要表现为在快节奏的比赛中准确记住比赛的关键节点，形成预判性解说。在千变万化的比赛项目中，专业的解说员还应了解比赛的规则、运动员的技巧战术等。只有具有强大的实战解说能力，才能有机会站在2022年北京冬奥会解说的台上。

（五）冬奥体育解说员应具有体育精神和国际化思维

1.体育精神

体育是人类文化的一部分，它绝不只是一种简单的活动过程，更有其丰富的精神内涵。当我们在进行体育活动时，要发扬坚韧不屈、追求卓越、超越自我的体育精神。而对于冬奥会解说员来说，则需要继续坚持和发扬公平、公正、公开，更好、更快、更强的体育精神。在此前其他一些体育项目的解说中，一些解说员的解说偏离体育运动的基本目的和精神，出现思维狭隘、视角单一、以成败论英雄、个人倾向性过于严重的问题。以黄健翔的"解说门"事件来看，作为体育解说员的黄健翔在现场解说评论中掺杂了过多的个人情绪，偏向于一方而失去公平公正的态度，这不是体育解说员该有的立场。①冬奥会解说人才的培养应该杜绝此类现象的再次发生，客观公正地传播赛事信息。除此之外，解说员还应该真诚地为冠军喝彩，为坚持到底的运动员加油打气，即使是比赛失败也不应该有歧视态度。例如，2014年索契冬奥会女子单人滑的比赛中，当日本名将浅田真央在比赛中大失水准落到第16名，自由滑中凭借全场难度完美救赎。解说员陈滢略带哽咽激情洋溢地解说道："人生目标是可以通过坚守信念而不是屈服来实现的。在追求高难度的路上，浅田真央从未放弃！尽管这路走得会注定很艰难，很孤单，但是上天不会辜负你的勤奋和坚持。"②这段励志的解说感染了众多受众。

2.国际化思维和全局意识

在经济全球化的背景下，世界各国成为命运共同体，体育新闻传播活动的国际化特征明显，冬奥会作为有着很大的全球影响力的体育赛事将会受到全球各国的关注。加强冬奥会解说员的国际化思维、全局意识和国家意识尤为重要。体育无国界，但是对当前国际形势和政治形势的判断，是解说员应该绷紧的一根弦。在进行冬奥会解说时，解说员应以大局为重，全面系统地观察赛事，并及时做出准确的分析判断。解说员要有开放与包容的态度，弘扬宽容和谐的体育精神，尊重理解各国的体育运动员，展现出中华民族悠久的精神价值与文化内涵。

---

① 罗安平.体育·体育精神·体育新闻——从黄健翔"解说门"事件说开去［J］.新闻采编，2007（4）：14-15.

② 搜狐网.央视评论员陈滢再次出圈！因浅田真央的解说一举成名［EB/OL］.（2022-02-10）［2022-2-20］.https：//www.sohu.com/a/521898144_120044982.

（六）冬奥体育解说员应具备较强的人际沟通能力

冬奥体育解说，作为赛事转播活动中不可或缺的一部分，不能独立存在于各个环节之外，解说员也不能完全和其他人隔离开。因此，一位解说员要圆满地完成冬奥体育解说工作，就需要有较强的人际沟通能力。

冬奥体育解说员具有较强的人际沟通能力，这样首先可以能够抓住观众的心理期待，将现场情况和观众的热情充分引导和调动，引发观众的共情能力；其次，可以与其他工作人员搞好关系，遇到问题或者突发状况时能够及时有效地通过沟通得到相关部门的帮助，排除困难，顺利完成解说任务；再次，可以保证冬奥体育解说员顺利完成访谈任务，解说员有时也需要到赛场采访一些选手，或者是把运动员、教练员请到演播室进行访谈，良好的人际沟通能力可以帮助解说员拉近与被采访者之间的距离，获得他们的信任，使其自然地面对镜头，也有利于解说员在采访或者访谈过程中，把控节奏，获得有效的新闻信息；最后，可以帮助解说员快速打破和嘉宾之间的隔阂，把握对方的性格特点、语言表达习惯等，让对方感觉宾至如归，能够比较舒服、自然地进行表达，使对方在之后的直播中能够和解说员配合默契。

三、冬奥体育解说人才培养思路

针对上述人才要求，就要制订具体的培养路径，从素质到能力，创新求实，满足我国冬奥体育解说人才的需求，全面提升冬奥体育解说培养水平。在人才培养中，仍应以院校作为培养基地，成立专门的冬奥体育解说通道班，进行系统培养。

（一）强化语言表达能力培养

语言表达能力培养需要专业基础知识，以及广阔的锻炼平台，从而达到行云流水、一气呵成，富有感染力的效果。首先，应认真学习普通话语音知识，并进行一对一语音纠正，这一部分与其他播音与主持艺术专业课程相同，不再赘述。其次，应开设即兴口语表达与思维训练课程，训练学生的思维能力和即兴语言表达能力，为他们将来参与冬奥体育解说工作，打下坚实的语言表达能力的基础。

（二）夯实冬奥体育专业知识基础

对于冬奥体育解说来讲，厚实的冬奥体育专业知识是其业务能力的坚实基础。通过开设专门的冬奥体育课程（如《冬奥体育技战术分析》）、邀请冬季运动专家（如教练员、运动员、解说员等）入校讲座、教师带学生观摩比赛现场实践教学（如观看冰球比赛、冬奥测试赛等）和分项分组自主学习（按项目分成兴趣小组，进行分项的专业基础知识的收集、分享、学习）等措施切实提高专业知识。

（三）提升冬奥专业英语及口语水平

应增加“赛事英语听说与同传”课程，专门讲述冬奥专业英语，并通过模拟演练提升同学的专业英语口语能力。“赛事英语听说与同传”课程主要内容包括冬奥体育英语基础知识、虚拟场景式对话练习、比赛视频观看与翻译。

冬奥体育英语基础知识涉及冬奥会历史进程（History）、各届冬奥会口号（Slogan）和吉祥物（Mascot）、冬奥会所有项目（Events）名称及规则（Rules）、运动员生平（Athletes）、基本战术技巧（Strategy）……这一部分知识属于英语解说的基础，利用由单词到短语再到句子段落的“由点到面”的学习方法，掌握不同的项目的繁多的专业术语。此部分知识的学习也是英语课程的基础。

虚拟场景式对话练习是随基础知识课程进度配套设置不同项目的场景式对话练习。例如：模拟解说员身份或志愿者身份进行随机事件的处理，以训练学生的英语口语能力、临场应变能力和口语采访能力……除此之外，课程内容中还包括对国外冰雪运动比赛转播视频的学习，学生进行观看并对英语解说进行实时翻译，在实践过程中提升听力水平，以及对专业词汇的掌握水平。

（四）开发虚拟仿真解说软件，模拟实战解说

过去的体育解说员训练，一般是使用现成比赛录像或者看直播。对比赛录像进行解说，实验者事先知道结果或听过视频里的解说，会缺乏新鲜感，损失掉解说的激情。而让学生去参加直播比赛的解说，也不太现实。因此可以通过开发虚拟仿真解说软件，帮助同学进行实战解说。以河北大学开发的《冬奥体育解说之高山滑雪大回转虚拟仿真教学软件》①为例，实验与《体育解说与评论》课程紧密结合，分为常识测试、技能训练、赛事解说三个模块，每次都会有任务导向；可随时随地，自主学习；可重复实验，提升技能熟练度；可随机生成比赛过程，避免雷同；可语音识别，智能评判。

（五）借鉴先进经验，中外联合培养

虽然在自然条件上，冰雪资源比较丰富，但是，我国在冰雪运动项目上起步较

① 实验操作请登录国家虚拟仿真实验教学项目共享平台http://www.ilab-x.com，搜索“冬奥体育解说之高山滑雪大回转”。

晚，发展也不充分。为了快速达到国际冰雪项目解说的水平，可以利用和借鉴国外的先进经验，特别是冬奥会发源地北欧的资源。比如河北大学与芬兰的凯撒卡里奥体育学院签署协议，选拔10名同学在2019年9—12月赴芬兰短期交流学习。学校对这些同学在芬兰学习的课程进行了学分互换，以保证他们修得应有的学分。这一活动受到芬兰教育部的重视和支持。学生在芬兰学习的课程包括：冰雪运动英语（Winter Sport English）、冰雪运动理论知识（What is winter sport?）、体育记者采访和体育解说评论（Commentating, Hosting and Interviewing）、冰雪项目教学体验（Practical Introduction）、体育摄影基础和视频剪辑（Basics of Photographing and Video Production and Editing）。除了课程学习，这些同学还参与了当地举办的国际赛事报道和志愿服务活动，包括Finlandia Trophy花样滑冰赛事、世界残疾人冰壶B组锦标赛、鲁卡2019—2020赛季国际滑雪联合会越野滑雪世界杯、世界青少年冰壶B组世界锦标赛等。更为有意义的是，他们还参与了2019中芬冬季运动年闭幕式活动，受到国内多家媒体关注，《人民日报》海外版予以报道。这些学习经历弥足珍贵，所学知识新鲜实用，对冰雪运动的深刻体验，以及集中高端接触赛事，实现了国内无法达到的效果。

（六）校企合作，搭建体验冰雪运动和观看赛场实战的实践平台

受资金和学校场地、住宿条件等限制，又加上2020年年初出现的新冠疫情的影响，与国外合作培养的人数毕竟有限，国内赛场实战观看与演练就显得更为重要，也应该成为冬奥解说人才培养的基础实践平台。2022年北京冬奥会前，我国在北京和张家口赛区会集中安排大量训练赛和测试赛，高校应该和校外冰雪运动场馆、赛事运行企业沟通合作，为同学们提供走进赛场研学的机会。比如，2020年1月初，河北大学“冬奥体育通道班”的十名同学在老师的带领下，来到位于崇礼的云顶滑雪场（冬奥会自由式滑雪和单板滑雪的指定比赛场地）研学。研学内容包括滑学课程和赛事志愿服务两部分。前者让学生切实体会滑雪的基础动作要领和“白色鸦片”①的魅力，后者使他们在全国自由式滑雪空中技巧锦标赛的志愿服务中，深入赛事各个环节，学习、熟悉了赛事运行，增强了解说实战能力。

① 滑雪运动因为所具备的让人有“飞翔”感受的运动极致体验和上瘾的特性，而被人们戏称为“白色鸦片”。

四、冬奥体育解说人才需求展望

冬奥体育解说人才的迫切需求来自2022年北京冬季奥运会。届时109个小项的赛事转播，全部都需要专门的解说人才进行解说。从央视到各级地方台，从传统的广播电视媒体到各视频网站都会对赛事进行转播，这对专业的冬奥体育解说员的需求量是非常大的。同时，2022年北京冬季奥运会为我国的冰雪产业大发展带来了契机。例如，国家直接的资金投入、社会资金的投入；冰雪运动基础设施的大量建设和完善；冰雪文化、冰雪旅游等项目的不断完善；冰雪运动的普及；冰雪运动带来的大批爱好者等都预示着我国冰雪产业将会高速、稳健地发展下去。这就意味着对于熟练掌握冰雪运动知识，能够高质量进行冰雪赛事解说的人才的需求，会在后冬奥时代依然保持着较大的缺口，专业冰雪运动解说人才将受到欢迎。

结　论

我国冬奥体育解说人才存在人才需求量巨大，但现有人才专业水平参差不齐，后备人才乏力，缺少人才选拔标准的问题。冬奥体育解说，不仅要求解说员有过硬的即兴口语能力、专业基础知识、专业英语听说采写能力，而且还需要具有较强的实战能力、体育精神和国际化思维、人际沟通能力等。高校应该成为培养冬奥体育解说人才的基地，全方位、系统化培养人才，满足2022年北京冬季奥运会和后冬奥时代冰雪运动大发展的人才需求。

参考文献

［1］国际数据集团（IDG）联合华腾冰雪产业机构. 中国冰雪产业发展研究报告（2018）［R］.（2018-09-16）.

［2］崔义刚，贺蕾. 我国体育解说评论的主要问题及对策[J]. 东南传播，2014（4）.

［3］李金宝. 试论中央电视台索契冬奥会赛事解说特点[J]. 传播实务，2014（11）.

［4］罗安平. 体育·体育精神·体育新闻——从黄健翔“解说门”事件说开去[J]. 新闻采编，2007（4）.

基于“MCN机制”的高校体育解说应用型人才培养新思路 *

◎宋 扬 **

摘要： 通过对MCN机构及其运营机制的梳理，发现其与目前国内高校体育解说应用型人才培养的现状之前形成了诸多相互耦合的关系连接。MCN运营机制能够为高校体育解说人才培养模式带来以“服务”为面向的观念革新、从“签约”到孵化成长的链路借鉴、解说赛事选择方面“多”与“专”的仿借，等等。可以说，MCN运营机制能够为高等院校体育解说人才培养提供诸多有益的跨界启示，甚至可以由此探索出一套有价值且可供借鉴和复制的范式和路径。与此同时，类MCN机制的体育解说应用型人才培养也是多方需求的体现，学生可以从中得到成长与晋升的阶梯，体育媒体等用人单位由此获得了一个人才任用可靠且便捷的渠道，而校方也能从中探索更加健全的人才培养长效机制，实现培养模式的创新。

关键字： MCN机制，体育解说，人才培养

目前，全国开设“体育赛事解说”专业，或将其作为播音主持艺术专业中的一个方向列入本科生人才培养计划的高校数量尚不算多。北京体育大学、上海体育学院、西安体育学院、武汉体育学院、广州体育学院、河北体育学院等体育类高校在体育解说专门人才培养方面的探索居前，而浙江传媒学院、中国传媒大学、河南大学、河北大学、河北传媒学院等院校也通过组建体育解说实验班或通过开设体育赛事解说相关课程等方式在播音主持艺术专业的人才培养框架下进行了一些积极尝试。但是，从实际效果来看，体育解说相关专业的人才培养模式仍处于各家分庭开拓、相互学习与借鉴的较为初级阶段，软硬件力量薄弱、学生解说实践机会少等问题是各个院校共同面对的难题。而与此相对应的，是我国高水平体育解说员数

---

* 本文系2022年北京体育大学本科教育教学研究与改革项目“基于’MCN机制'的体育解说应用型人才培养模式创新实践研究”阶段性研究成果。

** 宋扬，北京体育大学新闻与传播学院，讲师，研究领域：体育解说、体育出版等。

量无法满足新媒体时代受众较高的需求之间的矛盾。国内有学者曾指出：正是由于没有专门的培训、缺乏系统化的人才培养，才导致了解说员水平参差不齐，阻碍了我国体育解说事业的发展。[①]2022年北京冬奥会期间，原短道速滑名将王濛用“接地气”的解说点燃了观众的热情，她的“我的眼睛就是尺”等金句火遍全网，“濛主式解说”直冲热搜，王濛这位运动员出身的解说界新人，以“观众型解说”成功出圈，甚至有可能改变体育解说行业新格局。[②]在这样的背景下，如何破局，如何通过切实可行的手段提升高校学生的体育解说实践应用水平，如何顺应时代发展的潮流和趋势，在更新的需求下调整培养目标和体系，探索更加合理有效的、能够得到社会观众和专业体育人士认可的培养模式[③]，便成为摆在高校体育解说专业教育者面前的一个迫切且普适性的课题。

一、跨界启示：MCN 机制的关系连接

MCN，全称为Multi-Channel Network，是一种多频道的网络产品形态，诞生于有“世界最大视频共享网站”之称的YouTube，它本身并不生产内容，而是对不同创作者所生产的UGC、PGC、OGC等内容进行孵化、整合、推广，并在资本的输出与支撑下，持续不断地将优质内容推向目标用户，从而最终实现稳定的商业变现。简言之，MCN及其运行机制就是将内容创作从零散式的“个体”生产模式升级为规模化、系列化、科学化的“团队”产销模式。从这个角度讲，所有掌握配套资源、拥有相关能力能够帮助内容生产者实现价值飞跃的公司或团队都可以被称为MCN。

MCN及其运作机制虽起源于国外，但却是在中国发展、衍生、壮大。MCN在国内通常被更加具体地理解为“达人运营机构”或自媒体达人经纪公司，相应的，MCN机制一般指自媒体达人运营机构签约多个自媒体创作者（达人），通过内容整合输出、营销推广等手段，进一步提高达人的曝光度与关注度，使达人的自身综合能力和商业变现能力得到提高的一种垂直领域商业运营机制。伴随着2017年国内短视频行业的爆发式增长，作为内容产业的新兴链路，国内MCN机构已从2015年的约160家猛增至2020年年末的21000余家；全网90%以上的头部网红或已被MCN

---

① 孙世娇.新媒体形势下艺术院校培养体育解说人才的思路探讨［J］.新闻研究导刊，2019（1）：35.

② 宋扬.王濛解说出圈预示行业新变革［N/OL］.燕赵都市报，2022-02-21（7）. http: //yzdsb.hebnews.cn/pc/paper/c/202202/21/content_123704.html.

③ 孟潇庆.北京2022年冬奥会对我国电视体育解说人才培养的影响［J］.传播力研究，2020（9）：104-106.

机构签约，或成立了自己的MCN公司（如papi酱成立的papitube等）；与此同时，MCN国内市场规模也在迅速扩张，相关数据统计显示，2018年其规模已超百亿，而在2019年电商直播带货的变现效益不断展现后，2020年国内MCN市场规模进一步扩展至245.0亿元。①

作为内容产业重要的参与角色，MCN主导和连接了社会生活中生产、流通以及内容变现等诸多环节。从功能和职责来看，根据“艾媒咨询”发布的《2019—2020年中国MCN机构专题研究报告》来看，MCN机构主要经营“内容生产”和“商业运营”两种业态。在内容生产方面，MCN机构需要持续发现并签约更多优质内容创作者，这些内容创作者有些尚属素人，有的已成为自带流量的网红达人；在完成签约后，MCN机构需要为内容创作者提供定制化的培训和指导，以保证内容输出的质量，可以说，内容生产是MCN生存并布局深层业态的基础。而在商业运营方面，MCN机构需要根据达人专长为其打造符合市场定位的“人设”，用以建立传播力强的个人标签，并进一步将其IP价值延伸至整个团队乃至融入甲方企业文化；与此同时进行多渠道的内容分发并有针对性地进行流量引导和曝光，以提高粉丝的黏性，最终实现专业性的商业化变现。经过多年发展，依托“两微一抖”等媒介平台，MCN已经成为网红经济产业链中的关键一环，其商业形态愈加多元、变现途径愈加丰富。

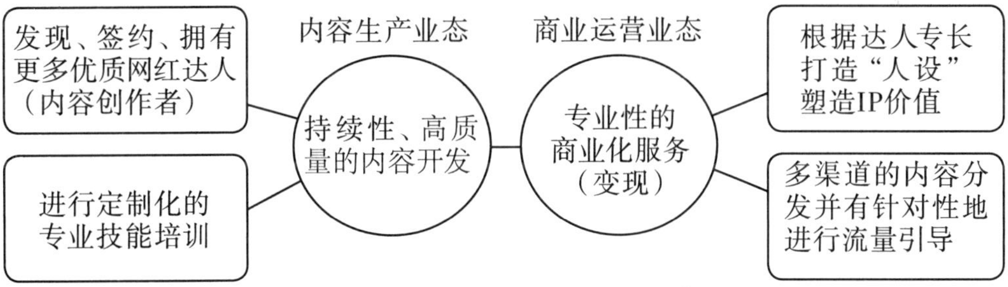

图1 MCN机构的主要功能与职责②

通过对MCN机构及其运营机制的简单梳理，回观目前国内高校体育解说人才培养的现状，不难发现，由于体育解说人才培养过程中的应用型特征，两者之前形成了诸多相互耦合的关系连接。MCN运营机制中始终面向市场、精准瞄准用户需求的理念能够为高校体育解说人才培养模式带来以“服务”为面向的观念革新；

① 克劳锐.2021中国内容机构（MCN）行业发展研究白皮书［EB/OL］.（2021-05-20）.http：//www.topklout.com/.

② 图1内容根据“艾媒咨询”发布的《2019—2020年中国MCN机构专题研究报告》总结提炼。

MCN机构对内容创作者从筛选签约到人设打造再到定制培训的一揽子扶持与培训方案，为体育解说人才培养提供了一种课程外的从“签约”到孵化成长的模式借鉴；而MCN机构采用的内容分发与流量引导方案，则能够成为体育解说人才培养过程中学生参与赛事解说“多”与“专”的参考与仿借。可以说，MCN运营机制能够为高等院校体育解说人才培养提供一些跨界的有益启示，甚至可以由此探索出一套有价值且可供借鉴和复制的范式和路径。

二、多态需求：类 MCN 机制的体育解说人才培养的价值核心

探索类似MCN运营机制的高校体育解说人才培养新方案，其核心价值与意义便是满足多方面的内生需求。笼统而言，首先，从学生层面来看，在全新的培养模式下，学生能够享有更具信度和更大价值的实践平台和上升路径；其次，从高校教学管理层面而言，教学培养团队能够更好地帮助和管理学生，能够更具网格化地指引学生的每一步成长，能够在人才培养模式的创新方面有所收获；最后，从以体育媒体为代表的用人单位而言，在识人选材的过程中拥有了一个由官方背书的、更加科学透明的学生能力参考谱系，从而降低了招聘的风险、提升了人才梯队建设的效率。因而，从需求角度讲，类MCN机制的探索和尝试完全可以成为高等院校体育解说人才培养方案制订与实施过程中的一个积极选项。

北京体育大学新闻与传播学院于2020年正式设立播音与主持艺术专业（体育解说方向）并面向全国招生，旨在培养高水平的体育赛事解说专门人才。目前，北京体育大学新闻与传播学院正积极与兄弟单位北体传媒谋求合作，力求联合推出一套参考MCN机制的校园体育解说人才培养方案，暂定名《北体传媒、北体新传学院校园体育解说员等级申请与认定办法（试行）》（以下简称为《办法》）。如图2所示，这份《办法》中明确了体育赛事的等级认定办法，相应地标记出了校园解说员的等级成长体系。通过对相应等级的体育赛事进行一定数量的解说实践并经审定委员会认定之后，作为该方案签约校园解说员的北体大体育解说方向的学生就能实现等级层次方面的跃升，获得更高水平赛事解说的权力和更丰厚的实习工资奖励，最终的目的是使学生们在游戏打卡闯关式的过程中实现自身赛事解说实践能力的提升。

赛事等级认定办法

Ⅰ级赛	包括奥运会、世界杯、欧洲杯、单项锦标赛在内国内的外高水平赛事
Ⅱ级赛	包括北体传媒赛事在内的能够在大型公众媒体播出的赛事
Ⅲ级赛	包括校园赛事在内的不在大型公众媒体播出的赛事

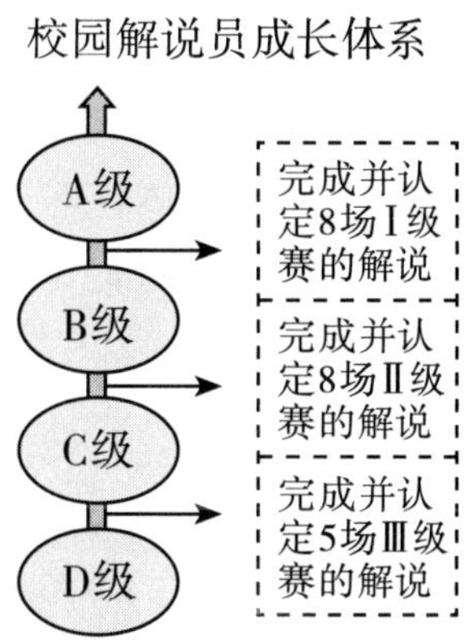

图2 《北体传媒、北体新传学院校园解说员等级申请与认定办法（试行）》与等级证书图示

（一）学生侧：成长与晋升的阶梯

互联网的出现早已展现出一种结构型力量，它以重新聚合社会资源和配置市场资源的效能，引发了整个社会的颠覆式革命①。当代大学生无疑是这场变革中当之无愧的受益者，他们能够使用移动互联网中的社交媒体，了解到数量不设上限的即时资讯，同时，社交媒体时代背景下的大学生能够找到工作实习的可能性和选择性也大大增加了。②但同样的，网络上也充斥着各种低质低效、鱼龙混杂甚至充满陷阱的所谓实习机会。以体育赛事解说专业所对标的社会性实习工作岗位为例，经常会有学生接到带有非法博彩性质的赛事直播解说邀约，而这样的解说实践机会

① 汤少哲.社交媒体的运用对当代大学生的影响［J］.新闻爱好者.2016（6）：78–81.

② 喻国明，李彪. 互联网平台的特性、本质、价值与“越界”的社会治理［J/OL］.（2021–08–19）.全球传媒学刊.https：//kns.cnki.net/kcms/detail/10.1270.G2.20210818.1556.005.html.

往往被不法之徒粉饰得光鲜亮丽且薪酬丰厚，如果没有足够的定力，学生非常有可能深陷其中而不能自拔。因而，学校官方作为风险把关人和成长护航员，学校将可供学生实践的体育赛事解说岗位进行分类、统筹和规划，使学生从大一入学伊始便可清晰地全揽未来四年自身在专业实践方面的成长晋升空间，这无疑能够使学生在迅速进入角色、找准定位的同时，以先前业已晋升至高阶等级的师哥师姐为榜样，在航标的指引下脚踏实地地走好大学四年体育赛事解说专业成长道路上的每一步。从这个角度来讲，类MCN机制的体育解说人才培养新模式一定是广大在校大学生所乐见和备受欢迎的。

（二）学校端：人才培养模式的创新

近年来，全国开设体育解说专业或方向的高校都在寻求人才培养模式方面的创新，都在各自不同领域进行着尝试。2022年北京冬奥会开幕前夕，中国传媒大学和上海体育学院两所院校体育解说相关专业的学生，参与了由杨健、黄健翔、李佳军、王春露担纲评委的，由咪咕视频打造的体育解说选拔综艺节目《沸腾吧！解说员》当中，两所高校旨在通过两校对抗的综艺选拔形式，使学生的解说实践能力在节目录制过程中得到提升；[①]同样的，广州体育学院也希望通过媒体的力量，鼓励学生参与相关比赛，以“以赛代练”的方式使学生在“游泳中学会游泳”。2021年11月6日至7日，广州体育学院有300多名选手参与了由广东电视台体育频道主办的2021“最强星主播”体育主持人大赛当中。[②]而西安体育学院体育新闻与传媒学院则积极通过选派学生参与中华人民共和国第十四届运动会现场展馆解说等形式锻炼着学生在体育解说方面的实践能力。[③]而在荆楚大地湖北武汉，武汉体育学院正在借助打造首批国家级线下一流精品课程《体育解说评论》的契机，通过课程建设、教材建设等形式，寻求着体育解说人才培养模式的创新。[④]但是，正如文章开头所述，全国高校体育解说专业或方向在学生应用能力的培养方面并未形成一套成熟的、可供参考和复制的方案，体育解说应用型人才培养模式亟待形成、完善和创新。2020年8月31日，国家体育总局、教育部联合印发《关于深化体教融合、促进

---

① 挖掘体育解说新声音，《沸腾吧！解说员》上线［EB/OL］.（2022-01-12）. https://view.inews.qq.com/a/20220112A080FS00.

② 新浪网.最强星主播首场海选圆满落幕，广体专场惊喜连连［EB/OL］.（2021-11-12）. https://k.sina.com.cn/article_6927641488_19ceb6b90001013kac.html.

③ 共青团西安体育学院委员会.关于2020年西安体育学院入选十四运志愿者 学生名单公示的通知［EB/OL］.（2020-10-29）. http://www.xaipe.edu.cn/tw/info/1028/3042.htm.

④ 洪钢.体育解说评论人才培养新理论与新方法——评首批国家级线下一流课程《体育解说评论》同名配套教材［J］.体育成人教育学刊，2020（6）：62-64.

青少年健康发展的意见》(体发[2020]1号),其中明确提出:"要加快体育高等院校建设,丰富完善体育教育体系建设。加强体育基础研究,发挥在人才培养方面的智库作用。"①基于"MCN机制"的高校体育解说应用型人才培养模式的新探索,不仅可以将学生的专业成长纳入更可控、更有效、更科学的系统当中,逐步形成健全的人才培养长效机制,还可以使体育类高校的优势得以充分的施展和发挥,为建设高质量体育类高等院校贡献力量。

(三)市场方:媒体选人用人的便捷可靠渠道

以体育媒体为代表的用人单位大多会在人才选拔任用方面投入大量的精力,在媒体融合发展的时代,一支强有力的人才队伍是一家体育媒体能否存续的关键和保障。拥有一个业务能力强、政治素质过硬的人才梯队,团队成员富有使命感、责任感和执行力是体育媒体永立竞争之林的关键。类MCN机制体育解说人才培养过程中所评定的校园解说员等级,为用人单位提供了一套一目了然的、由高校培养单位权威背书的人才选用参考,是体育媒体选人用人最为快捷可靠的渠道。与此同时,高校在体育解说人才培养的过程中,还可通过邀请体育媒体参与解说员等级认定等举措,积极推进校企合作的展开。高校与企业共同参与人才培养,既能满足学习者本身的能力提升需求,又可从企业的需要出发,使体育媒体能够更直接地"预定"高等级校园解说员毕业生成为其员工,并最终反哺培养方式的革新,通过转变教学方式、提升教育效能、重组教学流程等方式实现提升人才培养质量的总体跃升。②

三、多元保障:类 MCN 机制的体育解说人才培养的实现基础

(一)师资力量

想要开展类MCN机制的高校体育解说应用型人才培养模式的创新实践,需要的便是拥有一支实力富厚的师资力量,并得到学院和学校方面的支持。北京体育大学新闻与传播学院(以下简称为北体新传学院)播音与主持艺术专业(体育赛事解说方向)虽然刚刚成立不久,但是早在2017年,北体新传学院便开始在全校范围内遴选优秀学生组建"体育赛事解说实验班",并开始了高等院校体育解说专门人才的培

① 国家体育总局.体育总局、教育部关于深化体教融合、促进青少年健康发展的意见[EB/OL].(2020-09-21). http://www.sport.gov.cn/n316/n336/c963639/content.html/.

② 任秋菊."智能+"背景下高校融合媒体人才定制化教育探究[J].新闻爱好者,2019(8):88-90.

养。同时，在硕士研究生层面，北体新传学院也于新闻与传播学专业硕士的招生方向中设置了体育解说方向。经过从实验班的探索到新专业的设立，北京体育大学新闻与传播学院目前已经拥有具有博士学位的专职专业教师四名、外聘教师十余名，已经具备了较为完备合理的人才培养体系。可以说，素质过硬的教学指导团队为“类MCN机制的体育解说人才培养新模式”的探索提供着坚实的基础性保障。

同时，除了新闻与传播学院，北京体育大学体育赛事制作与转播实验中心和北体传媒两家单位同样在校内承担着培养体育解说人才的职责，三家校内部门共同构成了北京体育大学三位一体的体育赛事解说及体育赛事制作人才培养矩阵。前文提到的《北体传媒、北体新传学院校园体育解说员等级申请与认定办法（试行）》正是在这一人才培养合作框架下的探索。可以说，学校在政策、软硬件方面的支持是人才培养模式创新在制度层面最强有力的保障。

（二）赛事IP

实施类MCN机制的体育解说人才培养创新的另一基础条件即储备一批优质的可供学生进行解说实践的体育赛事IP。目前，我国体育赛事版权一般掌握在体育赛事开发运营方、体育赛事直转播商、体育媒体手中，校方应积极建立与上述单位的合作，以项目或实习基地共建的方式为学生谋求更多实践平台和赛事解说机会。

目前，北体新传体育解说方向的学生已经拥有了一批优质的可供解说实践的体育赛事IP，如图3所示，这些体育赛事主要有三个方面来源：首先是北京体育大学自有的校园体育赛事，如北体大运动会、校篮球联赛、校足球联赛等；其次是校内兄弟单位北体传媒负责直转播的部分体育赛事，如奥运资格选拔赛、全国“体院杯”足球赛、“星火杯”高中校园篮球联赛等；最后，为校企合作单位拥有的赛事资源，如咪咕视频的夏奥、冬奥赛事资源，优酷体育的CUBA（中国大学生篮球联赛）、WWE（美国职业摔角比赛）、斯诺克，明日世界竞技体育发展有限公司的CUFA（中国大学生足球联赛），等等。丰富的体育赛事IP为体育解说人才培养新模式的探索提供了必要的现实可能性。

（三）社会认可

应用型人才培养模式的创新探索离不开社会各界力量的支持，除了前文业已提到的需要赛事版权方为学生提供优质的解说机会之外，类MCN机制的体育解说人才培养还需要体育政府部门、体育组织、其他开设体育解说专业的兄弟院校的大力支持。

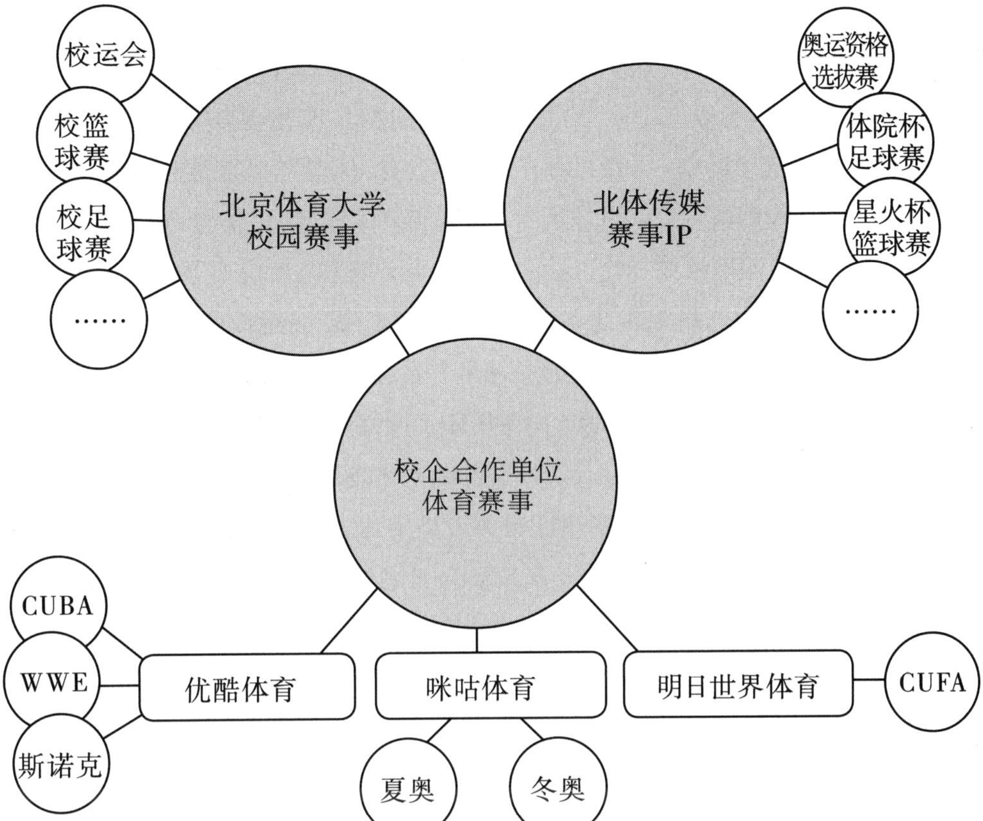

图3　北京体育大学新闻与传播学院目前可供学生解说实践的体育赛事矩阵

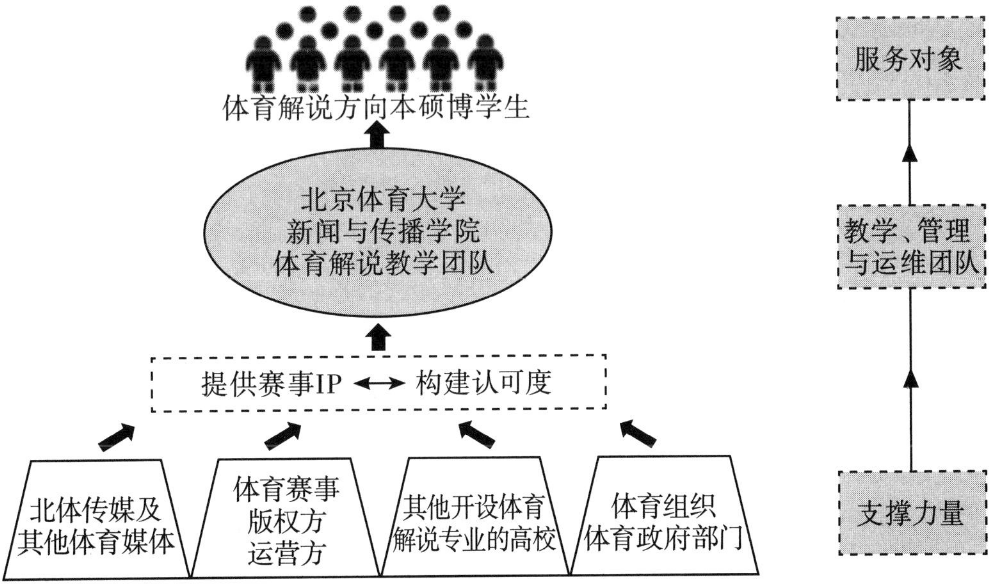

图4　北京体育大学校园解说“类MCN机制”参与主体关系图

如图4所示，在北京体育大学“类MCN机制”校园体育解说人才培养模式的探索实践中，新闻与传播学院体育解说教学团队为主要的运营、管理、培训团队；而体育解说方向的本科生、研究生作为“签约”校园解说员，是该项目的主要服务对象；北体传媒及其他体育媒体、体育赛事开发及运营方、体育赛事直转播商则为学生们提供着优质、持续的解说实践机会与平台；最后，体育组织、体育政府部门、其他开设体育解说专业的高校则通过共商共建，逐步实现校园解说员等级互认，使该培养方案的参与主体不仅局限在北京体育大学一所高校，最终构建起“体育高校-体育媒体—体育政府部门”共同承认的一种具有社会普遍认可度的、“行业硬通货”式的校园体育解说员水平评价体系。如果用MCN网红达人机制进行横向简单类比，高校体育解说教学团队就是达人运营机构MCN；校园解说员即为体育解说垂直领域的签约艺人、明日之星；体育赛事IP提供方即为达人的内容分发渠道。但在这其中，尤为不同且特别值得注意的是，高校MCN体育解说应用型人才培养新模式的探索是多元主体共同参与制订的，学生作为被培养对象，有其双重身份，[①]在培养过程中不应过度涉及商业属性，不应以盈利为最终目的。

四、结语

体育是提高人民健康水平的重要途径，是满足人民群众对美好生活向往、促进人的全面发展的重要手段，是促进经济社会发展的重要动力，是展示国家文化软实力的重要平台，[②]加快体育强国建设是新时期我国体育工作改革和发展的重要目标与任务。在这样的时代大背景下，广大民众对于体育赛事的观感体验表现出越来越高的期许与诉求，这就要求体育解说员在直转播的过程中展现出更加专业的水平、更加严谨的态度、更加敬业的精神。无论是从主体维度、时空维度、技术维度及绩效维度建立“四维一体”的体育赛事解说人才培养体系，[③]还是本文提出的建立在多态需求与多元保障基础上的基于“MCN机制”的高校体育解说应用型人才培养新思路，这些对于高校体育解说人才培养模式的不断探索与尝试，都将有助于在质量上切实提高体育解说从业人员的综合素质，有助于在数量充实我国体育解说的后备人才队伍，并最终为建设体育强国、健康中国做出贡献。

---

① 彭兰.校园MCN培育下传媒人才培养模式探索［J］.中国报业，2021（12）：114-115.

② 汪晓东，张炜，赵梦阳.为中华民族伟大复兴打下坚实健康基础：习近平总书记关于健康中国重要论述综述［N］.人民日报，2021-8-8（1）.

③ 赵琳琳，刘混. 全媒体时代高校体育传播人才培养体系建构—以体育解说人才培养为例［J］.中国新闻传播研究，2021（3）：51-65.

参考文献

［1］孙世娇.新媒体形势下艺术院校培养体育解说人才的思路探讨［J］.新闻研究导刊，2019（1）.

［2］宋扬.王濛解说出圈预示行业新变革［N/OL］.燕赵都市报，2022-02-21（7）. http://yzdsb.hebnews.cn/pc/paper/c/202202/21/content_123704.html.

［3］孟潇庆.北京2022年冬奥会对我国电视体育解说人才培养的影响［J］.传播力研究，2020（9）.

［4］克劳锐.2021中国内容机构（MCN）行业发展研究白皮书［EB/OL］.（2021-05-20）. http://www.topklout.com/.

［5］汤少哲.社交媒体的运用对当代大学生的影响［J］.新闻爱好者.2016（6）.

［6］喻国明，李彪. 互联网平台的特性、本质、价值与“越界”的社会治理［J/OL］.（2021-08-19）.全球传媒学刊.https://kns.cnki.net/kcms/detail/10.1270.G2.20210818.1556.005.html.

［7］挖掘体育解说新声音，《沸腾吧！解说员》上线［EB/OL］.（2022-01-12）. https://view.inews.qq.com/a/20220112A080FS00.

［8］新浪网.最强星主播首场海选圆满落幕，广体专场惊喜连连［EB/OL］.（2021-11-12）. https://k.sina.com.cn/article_6927641488_19ceb6b90001013kac.html.

［9］共青团西安体育学院委员会.关于2020年西安体育学院入选十四运志愿者 学生名单公示的通知［EB/OL］.（2020-10-29）. http://www.xaipe.edu.cn/tw/info/1028/3042.htm.

［10］洪钢.体育解说评论人才培养新理论与新方法——评首批国家级线下一流课程《体育解说评论》同名配套教材［J］.体育成人教育学刊，2020（6）.

［11］国家体育总局.体育总局、教育部关于深化体教融合、促进青少年健康发展的意见［EB/OL］.（2020-09-21）. http://www.sport.gov.cn/n316/n336/c963639/content.html/.

［12］任秋菊.“智能+”背景下高校融合媒体人才定制化教育探究［J］.新闻爱好者，2019（8）.

［13］彭兰.校园MCN培育下传媒人才培养模式探索［J］.中国报业，2021（12）.

［14］汪晓东，张炜，赵梦阳.为中华民族伟大复兴打下坚实健康基础：习近平总书记关于健康中国重要论述综述［N］.人民日报，2021-8-8（1）.

［15］赵琳琳，刘湜. 全媒体时代高校体育传播人才培养体系建构——以体育解说人才培养为例［J］.中国新闻传播研究，2021（3）.

新文科建设背景下播音与主持艺术专业人才培养的思考

◎ 叶盛世 *

摘要： 播音与主持艺术作为一个应用性强、特色鲜明的专业类型，长期以来致力于培养具备视听语言传播能力的广播电视、新媒介语言传播人才。本研究通过融合新文科建设视角，在充分了解当前该专业人才培养和就业过程中面临的困难的基础上，根据其行业需求和自身需要，深入分析了播音主持专业在新文科建设领域的人才培养以及专业课程体系方面的创新及不足，对其课程理论的构建、知识体系的拓展和人才培养的前瞻性进行关照，通过对新文科建设视角的契合，以期进一步提升播音与主持艺术人才的专业特色与实践意义。

关键词： 广播电视语言传播，新文科，播音与主持艺术，人才培养，价值引领

基金项目： 本文系滁州学院教学质量工程项目之课程综合改革项目“广播电视新闻采编”（课题编号：2016kcgg004）的后期提升性教学研究成果。

播音与主持艺术专业作为我国特有的专业类型，其使命主要是培养适应中国特色社会主义广播电视事业建设所需要的播音员主持人。1958年中央广播局在北京广播专科学校创办的广播技术人员专业培训班作为最早开展播音主持教育的机构，开创了该专业在我国人才培养的先河。自此，播音与主持艺术教育发展取得了长足的进步。同时，我们要看到，该专业目前发展也存在较多不足，比如，该专业连续多年被评为全国最难就业的十大专业之一，播音与主持艺术专业人才培养的瓶颈急需被打破，专业教育改革势在必行。

2020年11月3日，在威海召开的教育部新文科建设工作会议正式发布了《新文科建设宣言》，吴岩司长以报告的形式对新文科建设的整体共识、基本遵循和任务进行了安排部署，这次会议标志着我国新文科建设正式开启，也为播音与主持艺术专业的未来发展提供了新的指导思想和机遇。于1998年正式定名的播音与主持艺

* 叶盛世，滁州学院文学与传媒学院讲师，滁州市互联网研究院研究员，主要从事播音与主持艺术、广播电影电视节目及后期研究。

术专业在经历了30多年的发展后，正在迎接新文科建设新的背景和环境下所带来的挑战，本研究将进一步深入探究新文科建设背景下的播音与主持艺术专业的人才培养。

一、播音与主持艺术专业人才培养的新环境与新需求

伴随着中国经济社会的发展以及经济全球化进程的加快，如何进一步提升国家的文化软实力，已经成为提升综合国力的重要方面。新文科建设作为教育部2018年起不断推进的教育理念，正在着眼于国家文化软实力的增强，对文科类专业的人才培养提出了更高的要求。[①]对于播音与主持艺术专业来说，在新文科建设的要求下，其知识内容的更新与应用性人才培养要求的教学内容设置、文科教育在涵养社会主义核心价值观中的作用都成为必须要面对的议题，面临着新的环境与挑战。[②]

（一）新文科建设对播音与主持艺术的学科价值要求

当前，我国播音与主持艺术专业按照新文科建设的目标和要求出发，进一步谋划其专业内涵建设，推进新文科建设的力度意义十分重大。从目前来看，播音与主持艺术的课程体系建设与人才培养思路跟新文科对学科建设的理想和要求具有不协调性。构建世界水平、中国特色文科人才培养体系的新文科建设总体任务中明确指出，我国新文科建设要从明确总体目标、强化价值引领、促进专业优化、夯实课程体系、推动模式创新、打造质量文化的角度发力。强化价值引领是新文科建设的根本要求，在这一点上，播音与主持艺术的专业建设要坚持以习近平新时代中国特色社会主义思想铸魂育人，坚持士以弘道、文以载道。[③]可是目前，在我国部分院校的播音与主持艺术课程建设中，仍存在教师过分注重教师口语传播能力的培养，而没有过多关注甚至忽视了在教师中正确引导学生的思想价值观的错误倾向。在目前人工智能迅速发展的背景下，AI智能主播应用于主持行业，有效地减少电视新闻的生产制作成本，[④]在提高报道的时效性的背景下，这种技术逻辑往往容易体现为

① 欧阳申.研究全球化时代对广电主持人提出的要求［J］.传媒论坛，2019（10）：4.

② 朱云霞.“新文科”背景下高校文学课程建设的路径与意义［J］.黑龙江教育（高教研究与评估），2021（11）：45.

③ 金祥荣，朱一鸿.新文科建设：背景、内涵与路径［J］.宁波大学学报（教育科学版），2022（1）：18.

④ 李亚虹，邵玉潇.困境与突围：从主持人大赛看主持人专业能力再培养［J］.中国主持传播研究，2020（1）：43-52.

一种技术理性和工具理性，更容易把人变成市场一个可计算的市场价值，成为整个社会机器中的一个部件。[①]在此背景下，播音与主持艺术专业的任课教师更容易倾向于培养学生的专业能力，这种能力不仅仅体现在播音主持创作业务能力方面，更强调融媒体制作能力，这种现实的、肉眼可见的技术培养往往更容易变现。甚至有老师认为，用户工具化、个性数据化与情感简单化的技术实现往往被看作主持传播培养的最优方案，从而忽视了播音与主持艺术专业人才培养的价值引领。然而，目前新文科建设注重对学生进行价值引领，往往体现在播音与主持艺术作品的思想含量上。其思想含量往往取决于创作主体一定的意识形态，即创作者的人生观、世界观和价值观。[②]这种思想含量，往往第一个方面靠创作主体的思想含量，第二要靠指导思想的正确。而价值引领层面，往往是播音与主持艺术最紧缺的。缺少了价值引领，新文科建设所强调的促进专业优化、夯实课程体系、推动模式创新、打造质量文化都无从谈起。

（二）新文科建设所处的媒介融合发展的传播环境

新文科建设背景下的播音与主持艺术专业的人才培养，除了考虑新文科建设本身以外，还要考虑其建设和发展所处的媒介融合的传播环境。美国学者I.浦尔作为全球首个对媒介融合进行学术定义的学者，主要强调各类别的媒介组织在网络与新媒体的发展环境下呈现出的一体化、相互融合、相互促进的发展势头以及整体发展趋势。[③]在作为网络信息传播的时代21世纪，伴随着移动互联网的快速发展，主播也必须面临着新媒体环境以及相关技术的导入和应用的变革，传统媒体主播内容一统天下的局面将会被彻底取代。目前，中国电视新闻节目的重要代表《新闻联播》推出的《主播说联播》节目，正是传统媒体《新闻联播》充分利用公众号、抖音、微博等新媒体传播平台，实现其传播内容打破内容播出形式的固定化、常态化的有效尝试，以打造更加亲民的信息内容，使内容更加贴近年轻受众心态，实现节目主持人更加个性化、亲民化和多元化的传播形态。[④]在这一传播平台上，以培养传统新闻主播形式的传统播音主持艺术教学必须要适应新媒体的传播形态和媒介融合的发展环境，这正是目前播音与主持艺术专业人才必须要面临的新

① 高贵武，王彪.技术驱动与人文精神：新媒体时代主持传播发展的两种逻辑［J］.中国主持传播研究，2020（1）：7–17+4.

② 金重建.融媒体时代播音主持创作价值论［J］.中国主持传播研究，2019（1）：113–127.

③ 叶盛世.媒介融合语境下《广播电视新闻采编》课程改革探索［J］.滁州学院学报，2019（6）：126.

④ 赵博宇.新媒体视域下新闻节目主持人的语言风格探析——以《主播说联播》为例［J］.视听，2020（11）：131.

环境。

播音与主持艺术专业的人才培养所面临的融合发展环境，不仅仅是技术层面的融合，同时还包含了文化的融合。伴随着5G网络传播技术的日臻成熟，短视频越来越成为移动互联网发展的热点。[①]目前以抖音为代表的短视频平台，其灵活的语言表达形式、10秒钟左右的信息传播内容，都在挑战着传统的广播电视较长的视频节目。作为广大受众来说，更渴望看到的是语言表达形式的多元化、时间较短并且内容较丰富的节目内容。因此，播音与主持艺术专业的人才培养必须打破拘囿于传统媒体语言表达的壁垒，适应新媒体文化融合的传播形态。

二、播音与主持艺术专业人才课程设置与人才培养面临的新挑战

当前在新文科建设的教育背景和5G新传播格局下，我们必须清醒地看到播音与主持艺术专业的人才培养、专业创新发展还面临很多的新问题、新挑战，从国家战略和专业领域看，播音与主持艺术的课程设置、融媒体的传播特性、适应就业能力、文化传承与创新的实力还存在着很大的缺憾，需要提升的空间还很大，这些都是其适应新文科建设新要求都必须要做到的。[②]

（一）课程设置的价值引领力度不够

目前，我国播音与主持艺术专业课程设置的主要特点是，关注播音与主持艺术口语传播能力的课程模块较多，而对于如何打造有深度、有思想品质的播音员与主持人的课程较少，而这类课程往往更加注重播音主持作品创作中的价值引领。目前，我国播音主持课程教学的基本模块主要分为四块：（1）普通话语音与播音发声；（2）语言表达；（3）广播播音与主持；（4）电视播音与主持。这四部分内容往往致力于培养学生的播音主持创作能力，让学生能够更好地胜任在广播电台、电视台、网络媒体进行播音主持创作的工作。然而，如何让学生成为新时代拥有中国形象、中国情怀、中国声音的播音主持人才，正是新文科建设的时代要求。

新文科建设的时代要求，深刻地强调了播音与主持艺术专业培养的学生绝非“肉体传声筒”“信息播报员”，而是具备人文关怀和人格魅力，懂得如何搭建沟通平台，构建谈话场的语言传播人才。在当前人工智能迅速发展的环境下，AI智能主

---

① 张久惠，邓奕文，何颖.移动互联网下抖音短视频的创新行为分析［J］.中国集体经济，2021（12月中）：48.

② 张宇楠.就业导向下播音主持专业语音发声教学研究［J］.传媒论坛，2021（6）：172.

播往往对主持传播构成了一种挑战。然而，播音员主持人的培养往往要注重主持传播中的人格化，这是因为真正的交流必须发生在灵魂和灵魂之间，人文精神和价值引领是未来播音员主持人培养的灵魂和方向，这也正是新文科建设所要求的。①

因此，播音与主持艺术人才培养必须稳固“人文”教育的厚重根基，在其人文素养的培养和构建方面，实施“本科生书院制”，引入社会类、人文类、艺术类等系列课程对学生进行通识教育，培养出具有正确的价值观和道德观，具有极强的社会责任感和人文精神，②符合新文科建设需要的播音主持人才。

（二）新文科建设背景下人才培养输出途径的弱化

对于播音主持专业的人才培养来说，学生人才培养的输出途径主要是通过就业来实现的。目前，我国播音员主持人的工作平台在拓宽，在传统媒体时代，该专业毕业生的主要就业渠道就是传统的广播电视媒体，然而，今天越来越多的新媒体、网络直播平台、视频平台和游戏平台都在呼唤越来越多的优秀节目主持人，主持人的工作岗位资源无论在传统媒体还是新媒体方面都在拓宽。不过在这种情况下，恰恰相反的是，播音与主持艺术专业就业的难度越来越大。目前播音与主持艺术专业人才培养的突出矛盾就是高校过多的播音与主持艺术专业人才输送与就业岗位不对口、不匹配的矛盾，依然供大于求。

播音与主持艺术专业毕业生就业较为困难是长期以来制约该专业发展的重要问题。这个问题的出现的原因是多方面的。第一，很多播音主持专业毕业生的知识面大多为播音主持业务知识，与工作岗位要求的综合能力差距较多。很多同学的播音主持专业知识积累有限，同时还不具备采访、编辑、拍摄和制作等方面的技能。第二，学校对新文科建设的认识不够，培养的学生缺乏马克思主义理论指导下科学的思想内涵，导致其价值引领作用无法凸显，很多同学的播音主持稿件往往过分依赖编辑。第三，在新文科建设方面，学校师资力量有限。很多播音与主持艺术专业的教师已经脱离播音与主持岗位第一线的工作很多年了，过去积累的知识往往具有滞后性，知识更新速度慢。同时，大学老师的评价机制决定了很多老师往往特别重视教学成果和科学研究，对于如何把新文科的价值引领融入人才培养很不重视，导致学生的知识体系无法跟上时代需求。

---

① 高贵武.让心灵与心灵相遇：主持传播中的人格与人文［J］.中国主持传播研究，2021（1）：19–21.

② 巩晓亮.未来已来：智媒时代综合性院校播音主持人才培养路径探析［J］.中国主持传播研究，2021（1）：22–27.

（三）新文科建设背景下播音主持专业文化传承与创新的力度不够

2021年，越来越多的高校开始重视自身的文化传承与创新职能，这既是新文科建设的要求，同时也是因为很多高校在文化传承与创新方面的努力对高校实力提升的凸显度越来越明显所产生的有益引导。关于这一现象，我们不难发现高校肩上的担子越来越重。作为承担人才培养重任的重要机构，高校在加强教书育人、科学研究职能的同时，进一步做好文化传承与创新，是学校进一步服务好国家文化软实力建设，提升国家文化的竞争力、原创力、影响力等重要方面，更符合新文科建设的要求。目前，我国播音与主持艺术专业培养出了很多优秀的播音员主持人，这些播音员主持人均在播音主持工作岗位上发挥着重要的作用，然而在文化传承方面发挥的作用往往有限。目前，在播音与主持艺术领域，相关播音作品能够流传很多年、具有重要文化引领力的比较少，比如1983年陈铎和虹云主持的25集专题纪录片《话说长江》，曾在央视创下了40%的收视纪录，是央视20世纪80年代最受欢迎的电视纪录片，也是迄今为止，中国纪录片收视率最高的一部，是在播音与主持艺术领域流传了很多年的作品。然而，当下我国这类优秀的播音主持作品越来越少了。在市场经济迅猛发展的环境下，人们的审美意识日趋复杂，各种光怪陆离、波诡云谲、高雅缺席、低俗满目的播音与主持形态充斥在耳畔，播音与主持艺术专业学生在日益浮躁的社会风气下，各种囫囵吞枣、含混其词、沙嘶劈哑、捏窄挤瘪的声音，甚至根本没有任何用吐字归音训练就每天讨论新闻事件的声音经常在各类媒体上出现。

因此，在当前播音主持作品相对混乱、质量一直下降的媒介环境下，加强播音与主持艺术基本功能力的提升，才能最终实现文化传承与创新的社会职能。我们要认真学习中国传媒大学播音与主持艺术学院博士生导师、《中国播音学》的创始学者张颂老师对美好声音的概括，那就是"悦耳动听、乐而忘返、赏心悦目、美不胜收"，只有这样，才能使得有声语言相对生活语言更加有魅力，[①]以此创作出能够影响后世，具有重要影响力的播音主持作品，以提升其文化传承与创新职能。

三、播音与主持艺术专业创新发展的新思路与新理念

根据目前播音与主持艺术专业面临的新环境，发展中的新需求，以及新文科建

① 叶盛世."耳濡目染式"教学模式在《播音与主持艺术概论》课程中的应用——以《新闻播音与主持》为例［J］.东南传播，2015（12）：136.

设对播音主持专业提出的新问题，该专业应该如何突破前进中的障碍，进一步创新发展，本研究认为需要从以下三个方面加以突破：第一，构建新文科建设环境下的课程设计，第二，确立以价值引领为导向的人才培养体系，第三，进一步加强传承与创新。

（一）优化课程设置，充分考虑新文科建设要求，建立新文科建设环境下的播音主持教学体系

在当前新文科建设的背景下，播音与主持艺术进一步强化价值引领、促进专业优化、夯实课程体系、推动模式创新，从而进一步打造高质量的播音与主持艺术人才培养路径显然是目前提升专业发展的必由之路。目前，播音与主持艺术的人才培养不仅仅要求播报好，主持口才好，还应该把“三全育人”的模式真正落实到实际操作层面，那就是如何真正培养具备政治认同感、具备家国情怀、具有较高的文化素养、法律意识和道德修养的新一代的播音员与主持人。

对于高校老师来说，在构建教育设计时，要充分考虑当下新文科建设的要求，启动课程思政元素在播音主持人才培养中的作用，构建“人文为基、学科融合、产学合作、课训并重”的新文科教学体系，首先强调以人文为基，在课程教学中不把学生仅仅培养成播音工具，而是坚持以社会主义核心价值观为引领，提升他们播音与主持艺术作品的思想含量和价值引领，坚持以哲学辩证法为基础指导播音与主持艺术作品创作。

播音与主持艺术作品创作，语言是最终呈现手段，而创作的前提就是备稿。备稿往往分为广义备稿和狭义备稿之分，广义备稿往往指的就是平时不断的积累和学习。这种学习往往就在于平时的积淀。我们很难想象：一个在校期间就不重视个人播音学习作品价值引领的同学，走上播音员主持人岗位能够做好播音主持工作。当播音员拿到播音稿件时，考察当下社会环境，如何进行正确的价值判断，是我们教师在校期间课程教学的关键。作为老师，要重视马克思主义唯物辩证法在播音与主持教学中的运用，学生如果能够科学把握对立统一规律，坚持正视问题而不回避矛盾，具体问题具体分析，往往就能科学地驾驭稿件。[①]学生广义备稿的成功，再加上其语气、语势和副语言、表情的科学运用，科学结合停连、重音、语气、节奏等，就能够通过备稿和语言表达技巧，最大限度地把稿件内容表达出来。

---

① 金重建.融媒体时代播音主持创作价值论［J］.中国主持传播研究，2019（1）：113-127.

（二）坚持以新文科建设为基础，构建媒介融合和以思想价值引领为基础的教学体系，进一步加强学生就业能力培养

在当前新文科建设的社会背景下，播音与主持艺术的整体环境与媒介融合结合在了一起。目前很多高校的播音与主持艺术专业的课程虽然已经融入了媒介融合的新媒体的传播语境中，但是很多院校的课程设置依旧是关照传统媒体占统治地位的传播环境，播音员主持人的培养任务主要是面向传统媒体的。虽然很多教师在课堂上也会鼓励学生面向新媒体就业，但课业学习都是由学生自己课下独自完成的，学习效果并不是很好，无法实现新媒体播音主持内容学习与专业理论的融合。

新文科建设背景下融媒体的课程设计在新媒体环境下遭遇了很大的挑战。人工智能的快速发展，AI智能主播真正开创了主持传播领域实时音视频和真人形象合成的先河，丰富了播报内容，同时也对传统真人主播造成了影响，在播音与主持艺术领域甚至出现了主播替代论的说法，这从本质上看，跟新媒体快速发展过程中媒介融合的传播环境具有很大的关系。在这种环境下，课程构建必须坚持以价值为引领，在此，引用高贵武教授对主持传播的定义比较好，他认为："以主持人、出镜记者等人格化传播者作为传播的主体，其实是实现了一种人格化的传播，并在传播过程中实现了人际化的传播特点。其中的人格化、人际性以及大众传播的关键，就是播音员主持人的优势所在。"①因此，作为承担播音与主持艺术课程教学的老师来说，要坚持把新闻媒体"有温度"的呈现作为重要培养目标，在课程教学中引用四川汶川地震中央视主持人赵普、四川电视台主播宁远等有温度的表达，提升播音员主持人播报中的人文价值。播音与主持艺术课程的任课教师，要鼓励主持人打破之前单一的、机械式的播报，通过叙事方式的创新提升观众的观看欲望。②

当前，播音与主持艺术人才就业存在较大问题，除中国传媒大学等少数播音强校以外，地方高校播音主持专业的对口就业率基本在10%—20%之间，播音主持专业的学生毕业后真正走向主播岗位的很少，大部分都是转岗。在新文科建设背景下，我们要坚持价值引领的同时，坚持多元化培养路径，鼓励广大教师有针对性地开发音视频内容创作、短视频制作、手机直播、故事表达类课程，以让学生更好地适应新媒体时代发展的发展需求和市场转型的需要，③进一步提升学生就业能力。

---

① 危欢，卢海婷.AI合成主播冲击下主持传播行业的价值理性回归［J］.中国主持传播研究，2021（1）：105-116.

② 高贵武，杨航.现实虚拟：技术发展与主持传播的人格进化［J］.中国主持传播研究，2019（1）：3-15.

③ 王耀民.地方高校播音主持专业学生就业现状及人才培养思考［J］.视听，2020（10）：218.

（三）加强文化传承与创新，提升服务社会的能力

传承与创新对于一个专业来说，是极具动力和活水的学科理念，这往往可以让专业既能深深地根植于学科发展的沃土，往往又能够精确地指向专业未来。作为播音与主持艺术专业的教师，首先要引领学生进一步深入传承齐越、夏青、方明等老一辈播音艺术家“深入生活、扎根人民”进行播音实践的人民情怀，同时，还要学习他们对待播音主持作品严谨务实、精益求精的态度。

以播音与主持专业为例来说，首先我们要从强化价值引领和采、编、播三方面，提升播音员主持人的专业素养。在全媒体时代，我们培养的播音员和主持人往往要适应新文科建设和新媒体时代的需求，增加对播音员主持人在节目中互动环节主持的培养，使节目主持人适应互动环节多、互动性强的新媒体时代的新主持方式。同时，该专业学生还要在新媒体时代形成独特的主持风格，作为主持人必须适应新媒体时代，抓住优质节目。在这方面，河南卫视“中国节日”系列节目及《梨园春》节目，凭借传播传统文化“出圈”，充分体现了河南卫视作为电视媒体，在传播中华优秀传统文化的新模式，加强文化传承与创新方面的有效尝试。同时，播音与主持艺术专业要进一步拓宽视野，提升格局，打破传统模式下严重依赖提词器、台本、稿件等传统播报方式，适应新时代国际传播格局，适应多语境传播的国际播音主持环境，使播音发声真正为文化传承和创新服务，真正服务于人民，更好地反馈播音与主持艺术专业的新文科人才培养模式。

新文科建设为播音与主持艺术专业适应网络与新媒体时代的发展需求提出了崭新的时代需求，进一步加强教学改革，优化课程设计，是培养新文科背景下应用型播音主持人才的应有之义。下一步，播音与主持艺术专业将按照新文科建设提出的时代需求，直面各种挑战和压力，为专业发展提供更加广阔的空间，共同把播音与主持艺术专业推向新的时代高度。

参考文献

［1］ 欧阳申.研究全球化时代对广电主持人提出的要求［J］.传媒论坛，2019（10）.

［2］ 朱云霞.“新文科”背景下高校文学课程建设的路径与意义［J］.黑龙江教育（高教研究与评估），2021（11）.

［3］ 金祥荣，朱一鸿. 新文科建设：背景、内涵与路径［J］.宁波大学学报（教育科学版），2022（1）.

[4] 李亚虹，邵玉潇.困境与突围：从主持人大赛看主持人专业能力再培养[J].中国主持传播研究，2020(1).

[5]高贵武，王彪.技术驱动与人文精神：新媒体时代主持传播发展的两种逻辑[J].中国主持传播研究，2020(1).

[6]金重建.融媒体时代播音主持创作价值论[J].中国主持传播研究，2019(1).

[7]叶盛世.媒介融合语境下《广播电视新闻采编》课程改革探索[J].滁州学院学报，2019(6).

[8]赵博宇.新媒体视域下新闻节目主持人的语言风格探析——以《主播说联播》为例[J].视听，2020(11).

[9]张久惠，邓奕文，何颖.移动互联网下抖音短视频的创新行为分析[J].中国集体经济，2021(12月中).

[10]张宇楠.就业导向下播音主持专业语音发声教学研究[J].传媒论坛，2021(6).

[11]高贵武.让心灵与心灵相遇：主持传播中的人格与人文[J].中国主持传播研究，2021(1).

[12]巩晓亮.未来已来：智媒时代综合性院校播音主持人才培养路径探析[J].中国主持传播研究，2021(1).

[13]叶盛世."耳濡目染式"教学模式在《播音与主持艺术概论》课程中的应用——以《新闻播音与主持》为例[J].东南传播，2015(12).

[14]危欢，卢海婷.AI合成主播冲击下主持传播行业的价值理性回归[J].中国主持传播研究，2021(1).

[15]高贵武，杨航.现实虚拟：技术发展与主持传播的人格进化[J].中国主持传播研究，2019(1).

[16]王耀民.地方高校播音主持专业学生就业现状及人才培养思考[J].视听，2020(10).

主持传播前沿话题研究

智能媒体时代有声读物的发展、嬗变与展望

◎ 胡子豪*

摘要：20世纪90年代，有声书在中国出版发行，有声读物市场蓬勃发展，伴随着我国由融合媒体期逐步过渡到智能媒体期以及移动终端的发展，5G技术不仅渗透到了视频传播领域，也给有声读物市场带来了巨大的变化，主要体现在传播身份、市场发展、接受心理以及人文价值四个维度。新冠肺炎疫情时期，为了响应全民阅读的口号和居家防疫的客观需要，智能媒体时代的有声读物市场存在着极大的发展空间，但在技术赋能的同时也出现了作品题材局限，产业链条断层以及受众消费心理单一等问题。本文通过梳理智媒时代有声读物市场的新变化，以“价值为本，技术为用”为宗旨，指出发展过程中的问题，力图进行合理的规避，做好预期规划，保证有声读物市场平稳有序发展。

关键词：智能媒体，有声读物，审美体验，接受心理，人文价值

一、引言

有声读物（Audio Readings）是通过有声语言的加工处理，将文学作品转化为有声语言作品，从而解放听众的双眼，在让听众了解作品的同时，也凸显了创作者的创作风格，兼具文学属性和艺术属性的作品。美国有声书出版商协会（Audio Publishers Association，简称APA）对有声书的定义是，包含不低于51%的文字内容，复制和包装成盒装磁带或者单纯数字文件等形式进行销售的录音产品。①伴随着互联网信息技术的发展和智能移动终端的出现，有声读物的市场迅速崛起。智能媒体时代的到来也拓展了有声读物的定义，本文所指的有声读物在内容方面区别于以往的有声书范畴。在内容方面，传统的有声读物更多的是有声小说的播讲，大多停留在虚构层面，如今，技术的广泛参与已扩大了有声读物的外延，突破了虚构与非虚构的壁垒，扩大了其内容和题材范围；在形式方面，呈现出传统媒体和新

---

* 胡子豪，中国传媒大学2021级播音主持艺术学博士生。

① 蒋娟，吴燕. 出版业形态的有益补充——中国有声书发展研究［J］. 中国编辑，2017（7）：26-31.

媒体平台的齐头并进；在发展上，具有广泛的市场前景。智能媒体时代的有声读物就是依托传统媒体和新媒体平台，借助数字加工技术和移动终端技术，对虚构与非虚构内容进行有声化创作的有声语言作品。

二、智能媒体时代有声读物的发展现状

传统有声读物作品大多依托于传统广播媒体平台，由广播节目主持人负责主要的播讲工作，听众通过收听有声读物作品丰富业余生活，优秀的有声读物作品并未进入市场。智能媒体时代，移动智能终端为有声读物拓宽了传播渠道和传播速率，传播主体的身份一改往日单一的播讲者的角色，在内容播讲和情感传递两个方面有了新的定位；同时，大量的优秀的有声读物作品进入市场，在政策的积极引导下，产能效率和业务范围有了新的突破；面对类型多元的有声读物作品，听众已不再满足于消遣娱乐，在审美反映和审美期待两个方面也有了新的要求；智能媒体时代深化了有声读物作品的文化影响力，使有声读物不仅适应了不同接受群体的需求，更起到了重塑本体，凝聚群体力量的作用，从而为有声读物的发展赋予了新的人文意义和人文价值。

（一）传播身份的改变

1.智能媒体的内容赋能——从“佼佼者”到“多面手”

有声读物作品依托于文学作品。演播者在驾驭不同类型的文学作品的同时，也会被冠以相关作品类型的标签。传统的有声书演播往往会根据作品的类型来确定演播者，从而造就了大量的类型化演播者，成为这种题材、这种类型文本演播中的“佼佼者”。演播艺术家艾宝良通过对《鬼吹灯系列》《藏地密码》《午夜拍案惊奇》等作品的精彩演绎，成为悬疑类、恐怖类作品系列的主要演播者。而智能媒体时代，随着传输速度的加快，传播范围的扩大，对内容生产提出了更高的要求。人们对于作品类型的需求更为多元，演播形式也日益丰富，不少的演播者也在技术的引领下进行了新的尝试，不同行业的从业者也随着创作的需要加入有声读物制作当中。伴随着悬疑类小说的火热，东野圭吾的小说《白夜行》也被制作成了有声小说在喜马拉雅平台播出。其中担任旁白的演播者王明军曾播讲了《百年孤独》《三体》等中外名著，担任悬疑类小说的旁白也给此次创作带来了新的演绎，极致还原了原著的风貌。创作平台的丰富，制作手段的多样也给不同领域中的“个中翘楚”

提供了“面面俱到”的无限可能。

2.智能媒体的情感赋能——从“知情人”到“知心人”

传统的有声读物创作除了为受众分享优秀的文学作品之外，还承担着科普和教化的重要任务，将经典文学作品中的核心价值传递给受众，从而起到教化和引领的重要作用。而随着智能媒体的发展，社会条件和背景的演变，单一的信息传递已无法完全适应人们的需要，听众希望在有声读物的欣赏过程中获取更多的心灵慰藉和情感共鸣。2020年疫情初期，响应防疫需要，全国范围内采取居家防控措施。有声小说成为不少人居家生活的一部分，网络文学的蓬勃发展也为有声读物创作提供了更多的素材。听众享受听书更多的是享受“陪伴”的过程，并不带有任何功利性的目的，而是在播讲中获取精神上的陪伴。移动终端的普及，5G的高速运行，也让这份“陪伴”相较于以往更加具备时效性和体验感。

（二）市场发展的剧变

1.由“各行其是”到“因势利导”——政策导向利好

有声读物在国内的出版发行，依托强大的智能技术支持和智能移动终端，有声读物的市场占有率逐年提升。从20世纪90年代初期发展至今，已经具备了成熟的市场经营体系。但是，与有声读物市场和空间快速发展的硬实力不匹配的是有声读物在生产制作与运营上的软实力远远没有跟上步伐。单就有声读物播读方面而言，就呈现出门槛过低、良莠不齐、乱象丛生的局面。[①]2020年6月18日，国家新闻出版署《关于进一步加强网络文学出版管理的通知》要求各出版单位按照《出版管理条例》《国家出版管理规定》建立健全内容审核机制、严格规范登载发布行为，加强网络文学出版队伍建设。在政策上对有声读物的出版方向做出正确引导，同时为了增强创作者，创作单位的生产积极性，在版权保护、运营管理等方面也实施了新的举措。国家版权局、网信办等于2020年6月至10月联合开展第16次打击网络侵权盗版“剑网”专项行动。无论是原作品的复制、录音制品还是演绎制品，相应权利人对有声读物所享有的专有权利应当依法受到《著作权法》的保护。从良莠不齐的“各行其是”到积极、正确地引导，为有声读物出版保驾护航。

① 曾志华，卢彬. 中国有声读物播读评价体系构建研究［J］.现代传播，2018，40（7）：88-94.

2.由“制”作到“智”作——产能效率提高

有声读物的创作需要经过“确定书目——确立演播者——编辑统稿——有声播读——后期制作”的基本过程。传统的有声书制作在每一个环节都要经过层层筛选，以确保作品的题材风格与声音形式的统一，使文本内容和受众喜好的契合。从整个过程来看，传统有声书的制作周期较长，生产效率相对较低。智能媒体的参与和AI语音技术的高速发展，加速了中间每个环节的运行，可通过算法和大数据筛选听众喜爱的书目，通过分析完播率和收听率等数据选取受众更喜闻乐见的演播形式。央广云听推出的有声小说《斗罗大陆》，收听率稳居榜首，超过了第2名到第49名的总和，同年，央广云听也相继推出了《斗罗大陆》系列的第二部和第三部。同时，AI智能语音可提取优质语音素材，参与有声读物作品的制作中，大大提高了生产效率，为有声读物市场注入更多的作品。

3.由“单向输出”到“全效供能”——业务范围深造

早期的有声演播通过广播电台、网络电台向听众提供有声语言作品的单向输出，影响范围相对局限，作品的感染力与影响力也并不持久，无法实现文化产业的延续性发展。日本动漫产业的蓬勃发展带动了剧场版电影、真人电影和周边产品的发展，从而也反作用于作品本身，增强作品的影响力和影响范围。智能媒体通过拓宽渠道、增强频率、提高速率的方式让优秀的文学作品为更多人熟知，从而带动相关产业的发展，实现全效功能。根据焦彦章同名小说改编的有声读物《青谷子》由黑龙江人民广播电台的岳峰、闻佳演播制作，并在喜马拉雅平台连载播出，获得了巨大的收听率。在有声读物作品的影响下，2019年，黑龙江省委宣传部拍摄并发行了电视剧版《青谷子》，电视剧版的《青谷子》在拍摄过程中也借鉴了有声演播中对于人物的塑造，实现了多层次、宽领域的发展模式，业务范围也得到了进一步的拓展。

（三）接受心理的转变

1.审美反映

个人对于作品的审美反映是一个系统性的概念，而根据社会背景的变化所形成的不同审美期待，则是一个历史性概念。①不同的社会历史条件、技术发展的不

① 伊瑟尔. 怎样做理论［M］. 朱刚，谷婷婷，潘玉莎，译.南京：南京大学出版社，2019：68.

同阶段，都会在一定程度上影响听众的审美反映。智能媒体扩大了有声读物制作的规模，丰富了有声读物的题材，将宏大的图景浓缩到声音的世界中。智能音效、语音合成技术的提高也增加了文本与情境的交叉。有声小说《三体》的播出，给听众带来了声临其境的特殊审美体验，技术不仅赋予了创作者制作能力，也同样赋予了听众更多的能量。

2.审美期待

审美期待力图重建受众所持有的“期待视野”。依姚斯之见，“期待视野”也允许我们“在理解的历史演变中，去领会文学作品的意义和形式”。没有任何一个故事可以完整地被讲述出来，其中必然存在一定的空白和空隙，而这些空白也给了听众足够的期待。智能媒体中的有声演播在尽可能还原故事全貌的同时，也给听众带来了新的思考空间。文本体量的增大、情节设置的跌宕、剧情的编排都设置了新的空白和间隙，从而在技术的支配下引导听众建立起对于作品本身及播讲风格的新的期待。

（四）人文价值的演变

1.回归个体——对人物个体的把握

智能时代丰富了有声读物的题材和主题，受众可通过在相似主题的作品当中选择自身感兴趣的类型。在众多的有声读物作品中挑选更为优质的作品，成为各平台亟须关注的重心。作品中角色个体的差异，也成为影响受众选择的重要因素。智能媒体所带来的广阔与多元让受众重新回到了对人物个体本身的关注。在过去的经典有声读物中，如《鲁滨逊漂流记》《格列夫游记》《基督山伯爵》，在引领受众重温经典的同时，也为人们塑造了一个又一个经典的形象。而技术的发展使人们更加关注类型化作品，如悬疑、惊悚类主题的作品，其情节、悬念成为受众新的关注点，从而忽视了对于作品中人物个体的理解把握。随着重大革命历史题材电视剧《觉醒年代》的热播，《觉醒年代》的有声小说版本也在喜马拉雅平台上线，其新意则是以人物为单元划分基本篇章，突出人物性格。智能媒体时代一方面将经典作品重新带给听众，另一方面也凸显了人物个体的成长对于故事本身的点睛作用。从关注情节到关注个人，增加对人物本身的理解、观察，深化对不同个案的把握，不仅是人文科学方法观的代表性形态，而且是人文价值意义性的。①

① 尤西林. 人文科学导论［M］. 北京：高等教育出版社，2002：101.

2.重塑本体——对听众自身的影响

体现时代风貌，充满人文关怀，发挥广播电视教育和鼓舞广大人民群众的感染力和感召力是播音正确创作道路的要求。智能媒体时代，有声语言作品在教育和鼓舞受众层面增加了新的内涵，一是加强了经典作品和智媒平台的强强结合，二是通过新形式、新领域、新创作让受众重塑对于优秀作品的认识，扩大接收有声书作品的渠道，增强人文主体精神方面的塑造。湖南省长沙图书馆自2018年引入了新语有声书，一经发布便深受读者追捧，该有声书数据库涵盖18万余集有声书，内容涵盖多个维度，帮助读者解放了双眼，缓解了各种电子屏带来的眼疲劳，以“听书”的方式丰富了精神世界。①

3.凝聚群体——对社会价值的引领

声音相比于画面而言具有更强的鼓动性和引导性。社会学家费孝通认为语言是用声音来表达的象征体系。象征是附着意义的事物或动作，象征是包括多数人共认的意义，也就是这一事物或动作本身具有的性质。②在特殊的历史背景条件下，演说、游说可凝聚民心，汇聚力量。智能媒体时代，全员的参与和全息的体验进一步扩大了这种凝聚力。在全民防疫的社会背景之下，足不出户，在家听书成为人们新的生活方式。有声书市场亦得到了新的发展。据《韩国先驱报》2020年7月25日报道，韩国最大的互联网服务公司“领航员”旗下的音频内容服务Audio Clip3月用户数量增长72%，提供的有声读物数量增加38%。③在我国，蜻蜓FM整合中央广播电视总台、新华社、人民网、科普中国等权威媒体机构信息，出品科普节目《抗击疫情 权威科普》，为用户及时提供迅速、准确、有效的疫情信息。在传播信息的同时，更在传递凝聚民心、共同抗疫的力量。

三、技术赋能产生的问题与隐患

智能媒体时代推动了有声读物市场的发展，在作品创作、市场运营和听众接受等方面展现了新的时代风貌。而与此同时，伴随着大量有声读物作品进入市场，技

① 三湘都市报．“有声读物”成为阅读新宠，疫情期间长图有声书读者增长3.7倍［EB/OL］．(2020-04-23)．https：//baijiahao.baidu.com/s? id=1664773984503264672&wfr=spider&for=pc.

② 费孝通．乡土中国［M］．北京：生活·读书·新知三联书店，2013：14.

③ 新华社．疫情拉动韩国有声市场［EB/OL］．(2020-07-26)．https：//baijiahao.baidu.com/s? id=1673255916661043191&wfr=spider&for=pc.

术的弊端也逐渐显现：由于移动终端的快速发展让每一位终端用户都可以拿起话筒进行创作，因而有声读物作品制作门槛逐渐降低，作品质量良莠不齐，作品内容的选择和演播风格逐渐同质化；有声读物市场的"各自为政"也让优秀的资源无法实现共通，平台之间形成了资源"壁垒"，有声读物作品质量难以进一步发展；而算法的精准投放也让听众有了固定的收听心理和收听习惯，"广播"变为了"窄播"，消费市场难以拓宽。

（一）作品风格的"同层"

1.作品内容的大同小异

在众多有声读物内容当中，悬疑、言情、恐怖的题材更加受到听众的青睐。市场的驱动使不少平台纷纷加入了相关题材的制作当中，这就在一定程度上造成了内容的冗杂和过剩。智能媒体的传输速度快、使用便利也对作品的更新速度提出了新的要求，进而，受众对于"量"的需求加强了。经典作品由于篇幅较短，主题相对熟悉，无法长期更新，在众多有声读物平台上占据了较小的比重。而篇章较多、内容庞大的网络文学则成了有声小说平台"取之不尽，用之不竭"的宝库。网络文学的主题单一，情节单调也成为当下有声读物作品的主要问题。

2.演播风格的日渐趋同

作品内容的定势也会在一定程度上造成表现形式的趋同。演播风格既是演播者对于作品把握的主要体现，也是演播者个性和独特感受的重要承载，而优秀的表达也会产生一定的"追随者"。智能媒体让每一个人拥有了发声的权利，人人可播，时时可播，模仿自己喜欢的演播者的表达也成为每一位演播者最初的"必修课"。同时，AI语音技术的成熟，对演播艺术家声音素材的提取，让人工智能语音合成作品，仅仅达到了演播艺术家的"形"，而未能达到演播艺术的"神"，表达单调，乏善可陈。

（二）市场发展的"断层"

1.个体开放——平台交流匮乏

开放性理应是互联网平台，尤其是智慧媒体的基本特性，内容的开放则是有声读物市场从源头上"百花齐放"的基础。而如今大量作品的再创作版权归不同的平台独自拥有，内容之间无法达到共享。听众在内容接受上无法实现自由选择，在一定程度上造成了不同媒体平台的"各自为政"。在信息共享方面，各平台之间的交流相对闭塞，以丰富的作品选择和成熟的商业运营见长的新媒体平台，和以高水平高质量演播水准见长的传统媒体之间无法实现优质资源的共通。“信息垄断”虽然能够提高个体平台的短期收效，却缩小了有声读物作品质量水平的上升空间，不利于市场的良性竞争和开放性发展。

2.局部多元——题材涉猎失衡

信息、空间的开放性促进了平台与服务、平台与平台之间的相互合作，从而促进了服务的多元性。而有声读物市场的多元性却呈现出局部多元的倾向，一方面体现在市场效益好、受众选择度较高的作品方面，作品的演播风格多样，是因为智能媒体的加入也使作品制作形式多元，运营方式创新；而另一方面，经典名著、科普类题材的作品则受到了“冷落”，没有新的表达样式，依然沿用老一辈演播艺术家的作用，有传无承。缺乏异质性材料的多元并不是整体上的多元，而是单方面的局部多元，不利于有声读物市场平衡有序的发展。

3.单层普适——受众选择单一

普适的意义在于平台对用户一视同仁、并不挑选，相反是用户来挑选平台，平台则竭尽所能，用更好的用户体验，更多的功能和更低的使用门槛来吸引更多的用户，并且“粘住”他们不放。①智能媒体的全息性和全程性使受众拥有了更多的选择，这种选择可以超越知识层次、生活背景的层级，获得更加广泛的涉猎。而智能媒体的算法会根据用户的使用习惯，投其所好，这就使广播变成了“窄播”，让受众无法突破自身的认知领域了解更多的作品，只在自己的喜好范畴之内进行选择。在内容的选择、使用和服务过程中，算法推荐和地理服务成为个人定制的依据，大数据为用户提供精细化个性化服务。②互联网的全面普适成为单层普适，层级之间的壁垒难以突破，难以吸引新的用户群体。

（三）受众消费的“错层”

1.消费心理的限定

精神文明建设的目标是培养全面发展的人。受众通过对不同文学作品的选择，

① 喻国明，李彪. 互联网平台的特性、本质、价值与“越界”的社会治理［J］.全球传媒学刊，2021，8（4）：3-18.

② 童云，周荣庭.论有声读物的用户需求及其超媒介生产策略［J］.现代传播，2018，40（5）：103-109.

扩大自身的视野。而“全面发展的人”的目标与持续发展的现代化之间也存在着双重的矛盾：一方面，现代人凭借科学技术为自己生产出越来越富裕多样的对象产品，另一方面，现代人又越来越脱离自然界而成为人造世界的寄生者；与之相关，现代人越来越理性化，但在感觉上却越来越单一化、片面化。与古代人相比，现代人特别是现代个体，既有无可比拟的自由，又陷入空前狭窄的限定性处境中。（尤西林，2002）基于这种消费心理的影响，听众只会通过同一种接受态度去面对不同的文学作品类型，用单一的视角去审视纷繁多样的有声读物作品，造成审美僵化的不良现象。美国法学家凯斯·桑斯坦认为，人们的信息领域会习惯性地被自己的兴趣所引导，从而将自己的生活桎梏于像蚕茧一般的“茧房”中。同理，消费心理的单一不仅桎梏了消费内容，也同时固化了人们的审美思维。

2.消费习惯的固定

信息消费之信息，即对世界进行剪辑、戏剧化和曲解的信息以及把消息当成商品一样赋值的信息，对作为符号的内容进行颂扬的信息。[①]换言之，受众选择的有声读物平台不同，就会受到不同平台作品风格的影响。长此以往，不同的受众群体就会形成相应的“技术惰性”——有赖于单一平台提供的有限风格，造成一定的审美局限。而这种局限的扩大，也会相应地引起不同受众的接受心理差异化的增大，难以产生对经典作品的共情与“喜闻乐见”。

四、有声读物市场发展的展望

从历时的角度来看，有声读物作品特有的传播特性，既有助于优秀文学作品的传承和发展，还推动了优秀的作品对听众的价值引领，有助于社会核心价值观的塑造；而从共时的角度来看，智能媒体时代更是拓宽了有声读物作品的应用领域，激发了市场潜力。面对技术发展过程中呈现出的隐患和弊端，有声读物创作者、有声读物创作平台、市场职能部门都有责任应对挑战，消除偏见，从社会效益出发，在跨度上促进多平台合作，实现优势互补；在高度上打造高质量品牌，突出个性发展；在广度上扩大听众接受范围，创作适应更多听众群体的高质量作品。

① 鲍德里亚. 消费社会[M]. 刘成富，全志刚，译.南京：南京大学出版社，2014：113.

（一）打破壁垒：实现多台联动，发挥各平台优势

有声读物市场的运营在于建设全面互通的产业链，美国与德国在有声读物产业链建设方面已十分成熟，市场也初具规模。而反观我国有声读物市场的发展，各大平台之间的信息交流存在脱节，市场规模也有待于进一步挖掘和拓展。各平台应加强交流，打破平台之间的壁垒，发挥各平台的优势，实现全效发展。在创作方面，我国出版企业在版权方面应大力扶持有声读物出版，传统广播电台应利用好自身专业优势，在播讲水平方面做好示范表率。同时加大与有声读物交易平台的交流与合作，为有声书作品的质量把好关，尝试建立自己的新媒体平台，如中央人民广电的云听FM和北京人民广播电台的听听FM。有声读物制作公司和开发商负责制作、开发，最后交由新媒体有声读物交易平台如喜马拉雅、蜻蜓FM、懒人听书等移动有声App平台或者有声读物网站等向受众发行和出售，形成完整的、高度成熟的产业链，优化行业分工，促进各方高效合作，降低流程的复杂性。同时成立专门的有声读物出版协会，专门监管行业和从业者，确保行业的分工明确，保障行业健康平稳发展。

（二）打造品牌：头部带动整体，突出各平台特色

品牌效应是获得市场竞争力的重要符号，而技术的广泛参与往往会造成品牌同质化，冲淡这种符号的色彩。美国媒介学家尼尔·波兹曼认为技术的垄断会造成符号的大流失。任何一种文化都有其独有的叙事方式，每一种叙事都有自己的形式和情感特征，都有表达自己形式和特征的符号，这些符号需要人的尊重、忠诚和奉献。①有声读物制作平台要适应激烈的竞争，必须打造自身的品牌特色和符号。如喜马拉雅所打造的有声的紫襟、幻樱空、一刀苏苏等头部主播，不仅通过对作品的精彩演绎吸引受众，也通过独特的个人魅力吸引了持续性的关注者。喜马拉雅FM有声书月度优质主播有声的紫襟就在喜马拉雅平台收获2071.3万的粉丝量，其有声读物作品《一剑独尊》也拥有30.3亿的播放量；传统广播、网络媒体平台都应该打造属于自身的“爆款”，通过独特品牌的力量带动整个平台的发展，传统演播艺术家、配音演员也可以通过“触网”打造自身新的定位，让听众在了解经典、感悟经典的同时，也能够培养听众更有高度的审美体验。演播艺术家李野墨的演播作品《美顺与长生》在央广云听平台上播出，讲述一个北京家庭的婚姻和亲情，李野墨细腻的演绎和经验丰富的演播技巧也让听众在收听的过程中进一步提高了自身的审美修养。

---

① 波兹曼. 技术垄断：文化向技术投降［M］. 何道宽，译.北京：中信出版社，2019：193.

（三）打通圈层：经典通俗并存，实现各集体共鸣

唤醒集体记忆是实现作品共鸣的有效途径。德国历史学家扬·阿斯曼将集体记忆的形式分成了“交往记忆”和“文化记忆”。交往记忆所包含的，是对刚刚逝去的过去的回忆，这是人们与同时代的人共同拥有的回忆；文化记忆关注的是过去中的某些焦点。通俗的文化作品、科普类作品反映了时代风貌，构成了“交往记忆”的主要内容。①《杨侃｜杨毅电台》是通过追踪体育热门赛事，定期更新体育热点相关的有声语言作品，在喜马拉雅FM平台收获了2546万的播放量，其单期作品《谷爱凌苏翊鸣是中国，全红婵也是中国》5日播放量已达10.2万，成为喜马拉雅FM播客排行榜榜首。由王明军、杨晨演播的作家梁晓声的作品《人世间》在央广云听平台播出，结合时下热播的电视剧版《人世间》，获得了广泛的关注。文化记忆的表现形式则是将受众熟知的经典作品的有声化呈现。阿加莎·克里斯蒂的经典悬疑作品《尼罗河上的惨案》通过周野芒、王肖兵等配音演员的演绎，在喜马拉雅FM“白夜剧场”的播放量达到了52.5万的播放量。有声语言作品可增加作品的覆盖面，扩大作品影响的广度，使不同社会背景、受教育程度和成长经历的听众都能在不同的作品中都能感受到情感共鸣。推广和提升有声语言作品，不仅需要平台通过算法对受众进行更为精准的投放和推介，同时也要求有声读物创作者丰富表达形式，在语言功力上进行锤炼，细心揣摩作品中的人物语言以及心理，在保证自身表达个性化的同时，尽可能多地满足受众的情感诉求。这就需要每一位播讲者回归生活，回归本体，细心观察生活，做好“广义备稿”，为受众打造适应时代的高质量作品。

参考文献

［1］伊瑟尔. 怎样做理论［M］. 朱刚，谷婷婷，潘玉莎，译.南京：南京大学出版社，2019.

［2］尤西林. 人文科学导论［M］. 北京：高等教育出版社，2002.

［3］费孝通. 乡土中国［M］. 北京：生活·读书·新知三联书店，2013.

［4］鲍德里亚. 消费社会［M］. 刘成富，全志刚，译.南京：南京大学出版社，2014.

［5］波兹曼. 技术垄断：文化向技术投降［M］. 何道宽，译.北京：中信出版社，2019.

［6］阿斯曼. 文化记忆：早期高级文化中的文字、回忆和政治身份［M］. 金寿福，黄晓晨，译.北京：北京大学出版社，2015.

① 阿斯曼. 文化记忆：早期高级文化中的文字、回忆和政治身份［M］. 金寿福，黄晓晨，译.北京：北京大学出版社，2015：44-47.

[7] 廖祥忠.从媒体融合到融合媒体：电视人的抉择与进路[J].《现代传播》，2020，42（1）.

[8] 蒋娟，吴燕. 出版业形态的有益补充——中国有声书发展研究[J]. 中国编辑，2017（7）.

[9] 曾志华，卢彬. 中国有声读物播读评价体系构建研究[J].现代传播，2018，40（7）.

[10] 喻国明，李彪. 互联网平台的特性、本质、价值与“越界”的社会治理[J].全球传媒学刊，2021，8（4）.

[11] 童云，周荣庭.论有声读物的用户需求及其超媒介生产策略[J].现代传播，2018，40（5）.

[12]三湘都市报.“有声读物”成为阅读新宠，疫情期间长图有声书读者增长3.7倍[EB/OL].（2020-04-03）[2021-01-01]. https://baijiahao.baidu.com/s?id=1664773984503264672&wfr=spider&for=pc.

[13] 新华社.疫情拉动韩国有声市场[EB/OL].（2020-07-26）[2021-01-01]. https://baijiahao.baidu.com/s?id=1673255916661043191&wfr=spider&for=pc.

关系经济：有声读物的生产逻辑与竞合策略

◎ 冯蓓蓓　张凯翔*

摘要： 关系既是内部心理的抽象关联，也是外部的具象互动，它改变了固有的社会结构，使传媒资源高效整合。在关系的统摄下，媒介产品逐渐从大众化、产业化转向社会化发展。作为单线程传播的有声读物也在实践中积极把握产业链条，由传统的信息传播向全域活动扩展。本文对关系经济的内涵作了进一步阐释，并以有声读物为研究对象，在思考听觉媒介感知空间的基础上，分析其作为“公共商品”如何借助议程经济、规模经济与范围经济实现传播关系到经济关系的转换，在把握共性与个性的同时呈现出“乘数效应”。

关键词： 议程经济，产业扩张，规模经济，范围经济

亚当·斯密在《国富论》中论及增进劳动生产力的因素及分配劳动时提出，在一个文明社会中，只有千千万万人的协作才能满足对日用品的需求。比如衣物的制成，离不开劳动者的分工劳动，甚至需要联结起商业、航运业等产业。分工并非起源于人的智慧，而是互通有无、物物交换的结果。①互联网的快速发展催生了新一轮的社会革命，使社会形式发生巨变。“社会资本”在关系资源中被重新分配，传统的传播秩序与结构也逐渐被瓦解，一种互通互联的“关系革命”就此展开。美国学者曼纽尔·卡斯特认为，网络社会的信息结构是平布交互式的网络化结构，整个社会系统也日益以网络化的方式连接起来。②在这样的背景下，媒介社会也从原本自上而下的传播模式转为横向的连接合作，使传媒市场在网状结构中横纵联合，快速生产与流动。归结到底，“关系经济”是将不同梯次上的社会要素紧密构建起来，继而实现新的功能性聚合。它以传播关系作为纽带，并以关系产品为核心实现“共享价值”，最终创造出新的盈利模式。

---

*　冯蓓蓓，南京大学新闻传播学院2022级新闻传播学博士研究生；张凯翔，华东师范大学传播学院2019级广播电视专业硕士研究生。

①　斯密.国富论［M］.富强，译.北京：北京联合出版公司，2014：7–15.

②　卡斯特.网络社会的崛起［M］. 夏铸九，王志弘，等译. 北京：社会科学文献出版社，2001：569.

一、“声”引力——有声读物的表达空间

有声读物作为一种声音文化，其本质是听者借助声音符号来建构意义的过程。在这一过程中，声音文本并非真正的意义载体，而是意义的促因，意义价值的生产最终由听者负责。生产与消费的一体性让二者之间的关系更为紧密，因此只有挖掘生产的源泉，拓宽有声读物的表达空间，才能让传媒经济释放出更大的能量。

（一）时间性与代具性

从古典时代算起，古圣先贤的思想借助书写得以外部化，而受囿于技术的滞后，传播仅能靠驮畜、人的双脚或是车船得以维系。在很长一段时间内，这种被赋予身体属性的物理运动被时间所局限。自文艺复兴时期始，机器技术打破了生物时间，逐渐形成了“人的延伸”。麦克卢汉在这一过程中提出“截除”思想，即一个过程的“削弱”会使另一过程得到“强化”，概言之是一种此消彼长的效应。基于此，依靠印刷或口口相传的方式让位于音频传播，生物层面的时间全然无涉，逐渐弥散在“无时间之时间”中，而网络时间在数字化情境中逐渐外显，且极具自由潜能。贝尔纳·斯蒂格勒在《技术与时间》一书中提出技术的“代具性”功能。①所谓“代具”并非取而代之，其实质是一种添加。有声读物可以看作文本内容的代具化，一方面将文字的稿件内容进行还原，另一方面基于变化的经验，对组织结构重新编码，使其符合听觉体系，在实现“还原”“转化”物化的同时，将其嵌入时间景观之中，使其成为“真实”的状态。

（二）虚拟性与私密性

对大部分的人来说，识字与阅读能够催生自我意识，克服对原始自然的恐惧。但在其逐渐内化的过程中，其影响力也在不断被遮蔽，取而代之的是日益精细化、技术化的传播手段，譬如有声读物的出现。而有声读物在生产发行过程中的技术因素是无形的、虚拟的，但通过媒介的联结，构建了虚拟的比特空间，使传受双方处于共时的环境之中。在这种技术语境中，有声读物被视为“虚拟的公共使用”且显现出一定的外向性。诚然，数字媒介的出现打造出了哈贝马斯所说的“公共领域”，狂欢文化产生出了声音的多质性，但在这样的话语空间中，我们也被迫接受

---

① 哈桑.注意力分散时代：高速网络经济中的阅读、书写与政治［M］. 张宁，译.上海：复旦大学出版社，2020：32.

噪音的纷扰。即使是单一的人际传播现如今也兼具了多重性，而移动音频的出现构建了用户私属的听觉空间，实现了对公共空间的规避与区隔。

（三）开放性与空间性

相较而言，在人体的器官中，耳朵具有高度的开放性，是包罗万象的。人们可以自主选择眼睛的开闭、视线的方向、停留的时间，却无法操控声音的去留。并且声音的稍纵即逝，无法给予大脑足够的反应时间，感性思维随即取代理性判断。这种伴随式的姿态、深度介入的力量，立马与受众形成了强大的情感联系。1974年，列斐伏尔提出空间是由人类社会生产而来的，并由此提出三元空间论，即空间实践（感知的空间）、空间的再现（构想的空间）、再现的空间（实际经验的空间）。[①]听觉作为重要的感知器官，在构建空间形态上起着举足轻重的作用。传入听众耳朵的文本内容通过再造想象实现空间生产，并反向为媒介赋值。轿车、书房作为有声读物的常见场景，实现了声音与物理空间的交互，这种听觉实践空间也让受众包裹其中，把人重新变回了主体位置。无论是耳机里的虚拟空间还是现实生活中的社会空间，都在相互嵌合，打造出新的声音景观。

二、“声”产力——有声读物的生产路径

媒介的变迁使学界对于传媒经济的本质探讨愈演愈烈。注意力经济理论认为，资源的稀缺性成为不可争辩的事实，因此注意力经济成为当下真正的价值，受众的多寡成为主导传媒市场的关键要素。在不断解读与反思的过程中，有学者又引入了营销学的概念——影响力经济，将“有效传播”视为评估媒介吸引力的重要因素。有声读物作为一种新兴文化，体现出的是一种“合约力量”，在连接起二者关系的同时，实现经济效益。

（一）议程经济聚合用户群体

注意力是受众主动的选择信息、选择消费、选择接受的过程，其体现的是受众的选择力和关注的持久度。影响力是产品力图满足消费者的喜好，从而去左右消费者行为的一种主观能动力，其实质是一种控制力。无论是注意力经济还是影响力经济都是基于传者与受众其中一方的视角来探究传媒经济的本质，但传媒是传受

① LEFEBVRE.The production of space [M].Blackwell: Oxford, 1991.

流动的统一体，注意力制约着影响力，影响力提升着注意力。只有连接起二者的关系，在制约与平衡中把握供求关系，才能发挥最大合力，亦即议程经济。

当下，有声读物往往是搭载移动音频App（例如喜马拉雅FM、蜻蜓FM）、自媒体平台等进行传播，而这些大众传媒本身都具有“议程设置”的功能，在无形间就建立起了共识机制。一些有声读物引进当下大热的IP来吸引更多的注意力，并将获得的眼球资源引导至其他议题上，或通过“付费”形式完成消费行为的引导。而大众传媒本身所具有的“授予声望功能”也让设定的议题具有良好的传播效果。为了让影响力经济进一步扩大，许多有声读物邀请专业语言工作者进行录制，丰富的情感表达也会获得长期稳定的社会效益。议程作为一种核心，也生发出了“议程融合”这一支点，即用户在参与某一议题时，从一定程度上说是为了满足其社会的归属感。有声读物瞄准这一痛点之后，打造窄化话题，将分散的用户联结起来，借助关系打造良好口碑，实现规模化传播。

需要注意的是，注意力与影响力的相互作用是一个此消彼长、循环往复的过程。泛滥的议程势必消耗受众注意力，一味地强调影响力也会损耗投入的成本。因此，有声读物的生产方要把握住供求的均衡点，在运行中调整传播策略，实现效果最优化。

（二）经验改组实现空间再现

有声读物作为一种声音文化，强化了听觉在传播中的主体地位，在排除视觉的干扰下，打造出了一个自我沉浸的感官空间。而有声读物的使用环境多半是轿车、书房之类的私人密闭空间，它又进一步隔断了外界的喧扰，将个体感知与群体狂欢区隔，使其成为一种私属的行为。

有声读物并非单纯地将文字稿件音频化，其极富交流感的“人声”避免了空洞乏味的复述，声音传达出的温度与情感让听者抽离了时空的障碍，在拟态的环境中实现了交流的意味。这种依托文本的画面想象是空间再现的第一个层面，第二个层面是听众为了在认知系统中找寻满意状态而进行的矫正，也就是心理学家弗里茨·海德 （Heide）所提出的认知平衡理论。这一理论认为，当认知处于平衡状态时，能引起一种满意状态；而一旦失去这种平衡，就会产生紧张和恢复平衡的力量；当认知处于不平衡时就力求趋向平衡，或改变现存的某种认知因素，以矫正不平衡。[①]现实的环境使传播趋于碎片化，或将叙事元素进行拆分，以在更大范围内进行传播。听者在接受的过程中，对于那些断裂的、差异的部分仍会保有好奇，这将促使他们在自己已有的认知经验上进行“三度创作”（一度创作是文本的创作，二度创作是录制者的创作），对叙事缝隙进行补充。这种画面空间的再造，多半是基于个人的情感与态度倾向，通过探索未知文本、重塑形象来达到认知平衡的目的。

（三）情感调控强化印象管理

信息量的爆炸发展塑造了新的评价体系，有声读物作为一种“伴随式”阅读，其情感价值早已超越了信息本身的价值。录制者借助外部技巧、背景音乐等放射性符号注入个人情感。听众则在情境、内容、形式多个环节中实现对作品的理解与接受。在这一过程中实现的不仅是作品基调对于听者的情感调控，更是让听者完成了一次“替代式”的社会接触。从显性层面看，听者借助有声读物实现了知识的积累，这一积累或许在无形中会转化为一种社会资本；而从隐性层面看，一些“热榜”读物也具有一定的胁迫性，它引导着人们的选择，当人们在选择趋同之后便会消除这种“落伍”的失落感。

不同于纸质读物“眼脑协同”的阅读方式，有声读物所具有的转瞬即逝的特性使听众多半是“伴随式”收听，这种消闲的状态很难实现生产过程中的“领域独占”。因此，强化印象管理显得十分重要和必要。但单一的听觉感受很难获得完整的设定，人们传统的思维定式会将甜美的声音与幼态形象联系在一起，而浑厚的声音又会令人联想到粗犷，仅通过声音产生视觉画面，这未免过于单薄与草率。因此，除了注重提升传播者声音的塑造力，也应重视受者的阅读力，即对语境解析的能力。罗兰·巴特曾将文本分为“作者文本”与“读者文本”，读者文本是易于受众解码、被广泛接受的一种文本。有声读物也应避免抽象晦涩的语言，借助喜闻乐见的传播形式构建听者头脑中的形象，提高信息转化为知识的可能，弥合起人们之间“知沟”的距离。

三、“声”命力——有声读物的竞合策略

现代经济是实体经济与虚拟经济双轮驱动的经济，二者共同配置社会资源，推

① 童云，周荣庭.论有声读物的用户需求及其超媒介生产策略［J］.现代传播（中国传媒大学学报），2018（5）：103-109.

动着社会各类产业的勃兴。传媒产业是现代经济的重要体现，是实体经济与虚拟经济的一体化。[①]有声读物在市场的竞合中，录制的产品、书籍的展销、周边的推广都是实体经济的体现，而资产化产品（如广告版面、内容订阅）则成为重要的虚拟经济。准确把握虚实经济的关系，对运行规律和模式进行界定，通过转换机制构建良性循环，更利于形成“多重市场”。

（一）横向扩张：内容产品精品化

如今，市场的边界不断消弭，无论是产业的内部成长还是借助关系交叉扩张，与其他相似企业进行联合，都是使利益最大化的有效途径。这种通过资源的转化来占据市场份额的手段，我们称之为横向扩张。这种横向扩张不仅能够使传媒产业拥有更大的市场力量，也能提高其工作效率。在市场的竞争中，收益的高低除了受供需关系的影响，也因本身产品的质量而波动。自媒体的勃兴提高了全民的参与度，录制者数量的激增让产品市场得以丰富，而“人声”的独一无二性使有声读物具有了更为广泛的接受空间。除了上述所说的“异质性”，有声读物还体现出独特的“公共性”。报纸、书籍的发行需要耗费大量的人力物力，甚至需要与运输业等产业进行通力合作，大大提高了其生产的成本，并且报纸、书籍等一经使用就会存有明显的“使用痕迹”，可供重复流通的数量大大缩减，甚至变成了“一次性产品”。而有声读物因其保有了原始样态，且借助网络传播的便捷性使其成为一种公共性的商品。

因为有声读物具有公共商品的属性，所以规模经济也存在其中。规模经济是传媒产业非常普遍的特征，它是指随着生产规模的扩大而单位产品成本逐渐降低的一种经济形态，即边际成本（指每多向一个消费者提供某一产品时所需要的成本）低于平均成本（指提供某一产品所需的总成本除以用户总人数）时的收益特征。在上文已有提及，对于有声读物来说，其边际成本往往是极低的，甚至是趋零的，所以为了实现规模经济就需要降低平均成本。第一种方式是降低生产时的投入总成本。有声读物在前期的投入主要分为内容产品市场（例如版权的购买、录制者的报酬等）与延伸产品市场（例如线下粉丝见面会等），因此通过“共享经济”即可降低部分成本。较为常见的是有声读物与出版业的“强强联手”，如将优秀的文本资源转化为音频之后可通过二维码印刷于书本前后，这不仅给受众提供了更为多样的选择，也让有声读物通过低价获得正版文本资源。同样，有声读物在线上营销中也

---

① 党东耀.传媒经济研究发展与未来［M］. 上海：复旦大学出版社，2016：62.

加强了虚实经济的联动。例如以微信好友关系为链接点的“微信读书”不仅设立了“读书小队”来提高用户的使用率，也通过“试读”模式实现了变现与实体书的销售。降低平均成本的第二种方式就是提高听众所占比重。消费者在进行消费时是在一定预算（时间预算、金钱预算）下进行的，因此他在消费前会对商品进行甄别与比较。但随着对某一类商品的持续消费，其边际效用呈现出递减状态，即满足程度逐渐降低。有声读物在发展的同时也应把握这一规律，避免盲目跟风扩张，借助“4V理论”（Variation差异化、Value附加值、Vibration共鸣、Versatility功能化）展现出更大柔性。例如借助“主播训练营”、签约专业主播等途径加快推进PUGC模式，通过语音直播连线加强传受之间的黏性，融入本土化元素，消弭空间距离，让用户在使用过程中拥有独特的附加体验。

（二）纵向重塑：服务产品精细化

产业的纵向扩张依赖于产业链上不同环节相互依存的关系，它可以是供应链向前或向后的发展，不仅让市场销路有了保障，也提高了对市场的控制能力。要想深入探究有声读物是如何实现纵向联合的，就必须对其垂直的供应链有明晰的认识。具体来说，有声读物在“生产—发行”中具有几个重要的环节。首先是有声读物的制作，制作方搜集原材料（文本、人声、音乐等），继而将其转化为可供发行的文化产品，然后经过包装之后投放至可供播出的平台。在上文，笔者已经论及了如何在源头处提高用户“集中率”，那么针对产业链末端有的放矢也是产业发展中的一剂良药。在今天的媒介环境中，内容产品的可用空间已极为有限，传媒已不再局限于满足用户的信息需求，而是将重心向服务产品转移。数字化技术的变革不仅打破了媒介之间的壁垒，也让“人—物”之间的关系更为紧密。有声读物也在借力物联网，通过场景营造数字化景象，将消费者还原为“生活者”，将收听的过程转化为一种主体性的社会实践。例如喜马拉雅、蜻蜓FM、懒人畅听等App在不同频道设置了场景的分类（表1），不仅提高了用户的使用便捷性，也精准把握了用户的心理状态，借助算法、大数据的储存记忆功能与推送功能，能让用户在长期使用中获得满足感。在现有的分类中，不难看出与“睡眠”相关的场景颇受青睐，这也与当下年轻人的生存状态息息相关。有声读物虽然借此东风博取了用户的依赖，但这种适时的“对症下药”也凸显出了有声读物所具备的陪伴性服务功能。除此之外，用户在收听有声读物时多半是碎片化的伴随式收听。生产者也是深谙这一规律，通过“睡前”“洗澡”“通勤”这些碎片化场景分类抓取用户注意力。但在未来发展中，生产者也应规避场景噱头，避免内容上的“换汤不换药”，在讲述方式、时长安排上更加贴近场景的需求，将有声读物真正打造成一种服务产品。

表1 喜马拉雅等App的频道场景分类

频道	场景						
喜马拉雅							
儿童	哄睡						
音乐	疗愈	催眠	冥想	助眠引导	城市生活	场景冥想	
情感	治愈	伴睡	疏导				
蜻蜓FM							
情感	睡前	清晨	通勤	午后	看书	发呆	洗澡
音乐	工作	睡前	胎教	广场舞	读书	旅途	运动
懒人畅听							
情感/娱乐/广播剧/音乐	夜晚	午后	看书	发呆	城市		

除了在内容输出终端上进行了调整，有声读物在发展中也关注了受众接收端的变化。私家车数量的增多让有声读物多用于车载音频。如何实现“信息+服务+场景”三位一体的传播图景成为有声读物目前亟待解决的难题。一方面，越来越多的传媒产业与汽车产业合作，激活车内的车载设备，并打造与之相适配的页面模式，依托即时智能语音解放听众的双眼，例如哔哩哔哩将其视频流媒体服务接入了特斯拉全球的所有车型、喜马拉雅FM推出了Carplay车载版本。另一方面，音频产业也在进一步优化听众的收听体验，通过智能音箱的垂直渗透，实现交互式传播，让声音从“听得见”变为“看得见”。目前，亚马逊、谷歌、微软、苹果先后推出了Echo、Google Home、Invoke、Home Pod等智能音箱，国内的小爱同学、天猫精灵等智能音箱销售数量也呈增长态势。①无论是从源头还是终端来看，产业的纵向扩张不仅让有声读物体现出了优质的服务体验，也让产业链条上的各要素之间联系得更为紧密，甚至催促着相关产业的蓬勃发展。

（三）斜向合并：关系产品精准化

范围经济是企业生产多种产品时而产生的经济利益，它是通过联合生产多种

① 宫承波，陈曦.智能音频传播策略：基于多维场景用户体验的探讨［J］.当代传播，2018（4）：101-104.

产品而比单独生产更节省资金的一种方式。简言之，就是通过降低边际成本来获取更多效能的经济调控。产业的斜向扩张是借助其他互补领域的资源与技能来发挥协力优势的，因此加大范围经济的投入能起到良好的助推作用。这一策略在传媒领域十分普遍，多是通过改变产品的形式销往另一市场以此获得范围经济。例如将电视节目的“声音版”投放至广播平台、将声音类节目包装成电视综艺或将音源投放至音乐播放器、长视频经过后期拆条配音变成短视频，等等。这种多平台组合的产品能在不同介质上平稳落地，将内容资源复合利用，不仅提高了宣传和广告的组合价值，也具有了一定的抵御风险的能力。当然，这种产品组合链并非随意的配置，只有相关要素产生重叠关系时才能实现共享。以喜马拉雅App为例，它在“相声评书”的分类中吸纳了历年央视春晚相声小品、德云社开箱锦集；在“历史”分类中投放了《百家讲坛》节目的音频……一些作品也被打上了不同的标签来实现多样经济，例如外语类有声读物可被放至“教育培训”“少儿素养”“个人成长”“英语”等多个分类中，它巧妙利用了产品内容的关系程度，将“交集”部分实现资源再利用。

英国经济学家凯恩斯曾提出过“乘数效应”，它是指一个变量的变化以乘数加速度方式引起最终量的增加。其背后体现出的是，在复杂的关系网中，即使是细小的变化也会引起系统的倍增或倍减。[①]在媒介关系日益紧密的今天，媒介间的竞合不仅使信息、内容呈现出乘数效应，也同样对受众基数、价值效应产生巨大影响。有声读物的斜向扩张产生了量的倍增与质的丰富，它在获取大量关注的同时，也提高了广告传输的效果。不可否认的是，广告依然是传媒业重要的经济支撑，甚至操控着市场需求和消费者的品牌选择。越来越多的有声读物平台通过“广告造节”来实现营销，其中较为典型的就是“会员日”活动。用户在会员日当天可以享受到低价福利，甚至联合起其他平台打造“双会员”，例如喜马拉雅App设置的“VIP+套餐”，与优酷、京东PLUS、腾讯视频等合并为联合年卡。在付款的页面中，不少平台也与金融企业联合，通过开通某项业务进行满减吸引用户，实现了关系的汇集。当然，现下也有越来越多的有声读物平台设置了虚拟货币。用户可通过现实货币充值或一定的在线时长、评论分享等方式来赚取虚拟货币，这在无形间提高了用户的付费意识，也让用户在获得内容满足感之后实现长期充值。

一言以蔽之，传播是社会关系启用和发展的结果，这种“关系”联通了产业链的各部分环节，让传播关系转化为了经济关系。有声读物借助互联网、物联网编织

① 党东耀.传媒经济研究发展与未来［M］.上海：复旦大学出版社，2016：194-195.

了巨大的社会关系网，让内容资源、用户数据等不断向其聚拢，实现了价值的转换（图1）。有声读物通过信息内容转化获得内部成长，在消除“信息孤岛”的同时递进为情感与服务性的需求，这是第一环节社会资本的转换。第二环节是有声读物为了响应用户需求实现的“嵌入”，在精准把握受众需求逻辑之后，借助相关产业的能量嵌入用户的消费圈中，实现金融资本的转换。

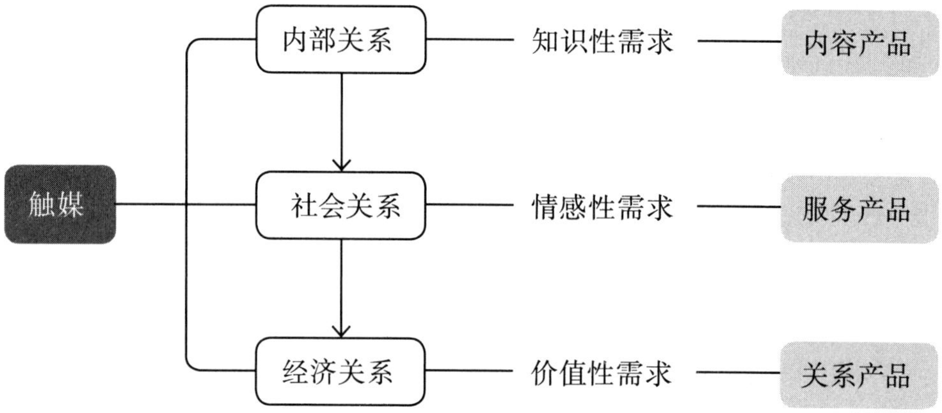

图1 有声读物关系转换示意图

结 语

“关系”是媒介生产的核心力量，以社会关系为纽带形成的关系经济成为新媒介环境下传媒经济的重要内涵。有声读物将人际、人机、物物关系导入生产传播的产业链中，将关系量化为数量上的“关注度”与质量上的“稳定度”，不仅为自身的发展提供了新的增长点，也具备了更高的抵御风险的能力。诚然，关系经济给实体与虚拟经济提供了更为广阔的空间，但随着关系网的不断扩大，复杂程度逐步加深，这种不确定性给产业未来发展也埋藏了未知的风险。因此，如何调和关系破解的矛盾与问题成为亟待解决的课题。

参考文献

［1］斯密.国富论［M］.富强，译.北京：北京联合出版公司，2014.

［2］卡斯特.网络社会的崛起［M］. 夏铸九，王志弘，等译. 北京：社会科学文献出版社，2001.

[3]哈桑.注意力分散时代：高速网络经济中的阅读、书写与政治[M]. 张宁，译.上海：复旦大学出版社，2020.

[4]LEFEBVRE.The production of space[M].Blackwell：Oxford，1991.

[5]童云，周荣庭.论有声读物的用户需求及其超媒介生产策略[J].现代传播（中国传媒大学学报），2018（5）.

[6]党东耀.传媒经济研究发展与未来[M]. 上海：复旦大学出版社，2016.

[7]宫承波，陈曦.智能音频传播策略：基于多维场景用户体验的探讨[J].当代传播，2018（4）.

[8]党东耀.传媒经济研究发展与未来[M]. 上海：复旦大学出版社，2016.

人—机文明：人工智能主播的应用分层与发展前景研究

◎林　阳　李睿琦*

摘要：人工智能主播作为智能时代人—机文明的产物，目前在主持传播场景中已经广泛应用，并随人工智能技术的进步不断升级换代。研究梳理了人工智能主播的发展现状，指出人工智能主播是赛博格化的人机文明，结合主持传播的社会功能，提炼出人工智能主播的信息传递、艺术审美、情感交互、人格化定制四个应用层次，反思当下人工智能主播的不足之处，展望人工智能主播的发展前景，以期深入理解人机文明的创造主体，探查主持传播的智能化发展。

关键词：人工智能，主持人，主持传播

一、问题的提出

（一）智能时代的产物：人工智能主播的发展现状

人工智能（Artificial Intelligence，简称AI）技术，作为国家战略受到高度重视，是当下国内国际讨论的焦点与热点话题。随着人工智能技术应用场景的不断延伸与拓宽，在传媒场景中，播音员、主持人的存在状态有所调整、存在意义被重新定义。智能时代的产物——人工智能主播（AI主播，亦有AI合成主播、人工智能虚拟主播等叫法），作为新型主持传播主体，已在我国传媒领域崭露头角、投身应用。在视听媒介中，目前的人工智能主播应用主要包括全息模拟真人AI主播、智能采访对话机器人、虚拟卡通AI主播三种类型①，涉及新闻播报、节目主持、有声演播、配音等领域，并随着人工智能技术的进步不断升级换代。据不完全统计，以下表1简要、直观地展现了人工智能主播在我国的应用现状。

---

* 林阳，中国传媒大学播音主持艺术学院硕士研究生；李睿琦，西安外国语大学新闻与传播学院教师。

① 张蓝姗，任雪.AI主播在电视媒介中的应用与发展策略［J］.中国电视，2019（11）：13-16.

表1 人工智能主播在我国的应用现状

时间	名称	简介
2001年	比尔邓（言东方）	中国首位电视虚拟主持人，主持天津电视台《科技新闻周刊》
2004年	小龙	主持CCTV-6的《光影周刊》
2017年	阳阳	央视羊年春晚吉祥物
2018年	康晓辉	由科大讯飞、相芯科技打造，以康辉为原型
2018年	邱浩	新华社在第五届世界互联网大会推出的虚拟主持人，以邱浩为原型
2019年	央小广	由央广、科大讯飞打造，春节特别节目《中国声音中国年》的神秘嘉宾
2019年	小小撒	央视网络春晚主持人的搭档，其原型为撒贝宁
2019年	新小浩、新小萌	由新华社、搜狗推出，全球首对全仿真智能AI主持人
2019年	小晴	由科大讯飞推出，全球首个多语种AI虚拟主播
2019年	纪小萌	主持CCTV-4的《中国新闻》，其原型为纪萌
2019年	果果	人民日报社首款人工智能虚拟主播，其原型为果欣禹
2019年	通通	科大讯飞打造的虚拟记者，亮相央视《AI记者“通通”游世界》系列视频
2019年	小萌花、小萌芽	由北京电视台推出，为世园会吉祥物
2019年	小灵	由央视五四晚会推出
2020年	新小微	由新华社、搜狗推出，全球首位3D版AI合成主播
2021年	时间小妮	由北京广播电视台推出，以北京卫视主持人徐春妮为原型，是中国首个广播级智能交互真人数字人
2021年	冬奥AI手语主播	由央视新闻联合百度智能云推出，是中央广播电视总台首个AI手语主播
2022年	……	……

通过梳理可以理解的是，从最初的虚拟主播，再到新技术加持的3D版人工智能主播、智能交互真人数字人，乃至以服务残障人士为主的AI手语主播的出现，“智能媒介正在颠覆和改写传统新闻传播行业，包括内容生产、传播方式、组织机构和经营模式等不同板块都正在经历重构”①。人工智能主播不但是人类在媒体和人工智能技术融合下研发出的新产物，同时更为人类在全媒体的语言传播中画上了浓墨重彩的一笔，使传统主持传播工作搭上技术快车，借助技术优势进一步解放生产力，发挥创造力与创新力，产生新的影响力，具有不可估量的发展空间。

① 别君华.智媒传播中的人机融合关系及其实践维度[J].现代传播（中国传媒大学学报），2019，41（11）：32-36.

（二）人工智能主播：赛博格化的人—机文明

智能时代万物皆媒、移动互联。当前，“媒体融合成为主流，各种不同的媒介借助于计算机技术，在数字化信息平台上实现全面融合”①。新冠疫情期间，中国借助人工智能、大数据等信息科技，使用非医学手段干预，使新冠疫情的恶性传播得到有效控制，也使人们陷入数字化生存的“恐慌”。可见，身处智能时代的人，因为科学技术的发明创造，呈现出新的数字化生存心态，导致人与机器的关系正在发生深层变化。技术与人的融合，带来了智能时代的人—机文明。

人工智能主播的出现将人类主持人角色嵌入了机器属性，新的人机关系串联起美国学者提出的赛博格（cyborg）概念，即“人的身体性能经由机械拓展进而超越人体的限制的新身体”②，亦称电子人。人工智能主播促进了人的赛博格化，也实现了人的能力的增强，并且在一定意义上，使人在虚拟与现实两重空间实现同一化。所以说，人工智能主播引发了智能时代的人机文明的展现，但同时也存在一定的不确定性。我们需要以人类的智慧将这种不确定性以科学的方式缩小，让人工智能更好地服务于人类社会，促进主持传播创新空间的提升。

（三）媒介即讯息：作为媒介的人工智能主播

麦克卢汉认为，媒介即讯息，规定了媒介研究的语境，“我们与媒介的关系是相互构造的——我们创造它们，它们也创造我们”③。从长久的角度去考虑，真的有用的信息不一定是那个时代的媒介展示给大众的内容，很有可能是媒介的自身。总而言之，人类只有在利用了媒介之后才可能从事和他比较合适的传播和其他的人类活动。媒介更重要的作用其实是浸染我们的认识和思索的习惯。

当“媒介即讯息”的观点映射至人工智能主播的探讨，人工智能主播是智能时代人机文明的产物，从媒介工具角度看，人工智能主播是具有机器属性的主持传播主体，用以传播讯息，而相对整个社会来看，真正有必要、有价值的“讯息”不是人工智能主播作为媒介工具传达的各种讯息，而是这个时代所采用的传达工具——人工智能主播的特征、它所创造的可能性以及引导的社会革新。2016 年被称为人工智能元年，随着人工智能技术在主持传播领域的不断落实，人工智能应用和人工智能机器人产品也不断展现出其发展潜力，人工智能技术赋予主持传播的新方式对这个时代和社会产生着潜移默化的影响。

---

① 黄楚新，朱常华. 大变局下的新闻传播实践与研究［J］. 教育传媒研究，2021（2）：48-51.

② 彭兰.人—机文明：充满“不确定性”的新文明［J］.探索与争鸣，2020（6）：18-20+157.

③ 胡泳.理解麦克卢汉［J］.国际新闻界，2019，41（1）：81-98.

二、人工智能主播的应用分层

20世纪 50 年代开始，人类就已经着手进行了人工智能方面的探索，而人工智能进入主持传播领域最早是在20世纪末，到现今人工智能在播音主持行业取得了前所未有的成绩。人工智能主播作为主持传播主体，担负着相应的社会功能，否则，就会导致主持传播的失效和无效。中国播音学前辈张颂将主持传播的社会功能其概括为“信息共享、认知共识、愉悦共鸣”①，在人机文明的智媒时代，这三个社会功能的作用依然存在。新时代用户对播音员主持人提出的新期待、新诉求，促使主持传播的社会功能需要升级。我们结合目前人工智能在主持传播领域已有的应用成果，按照受众期待和应用程度将人工智能主播的应用划分为由低到高的四个层次，分别是信息传递层次、艺术审美层次、情感交互层次和人格化定制层次。

（一）基础社会功能：信息传递层次的应用

信息传递层次，要求人工智能能够达到传递信息和思想的基本标准，同时信息的传递还要具备准确性和时效性。信息传递是AI技术在任何主持传播主体及摄像机前进行创新的根本任务。人们从事的所有信息传达活动，其主要任务在于传达思想或信息。判断人工智能是否在播音主持领域达到信息传递层次的标准就在于AI技术合成的作品是否能够准确、及时地传递信息。

信息传递层次的应用层次包含三个类型：单一传递、双向传递和多向传递。单一方向的传递，对应人工智能主播在新闻播报、天气预报中的播报职责；双向传递，对应人工智能主播在电视节目中单一的互动职责。多向传递，例如人工智能主播利用大数据计算对网络留言、弹幕实时回复的反馈职能等。这反映出信息传递作为人工智能主播基础应用的三个特点，第一，报道内容的客观性。新闻客观性是美国新闻界在数十年客观播报实践基础上在20世纪初就已经声明的关于新闻职业操守和理念。从根本上说，新闻客观性不仅仅是一个行业的基础原则，还是与社会制度与体系的理想与时间相结合的价值体现。根据人类的自身属性，主观从某种程度上说是难以避免的，但是大众又能够在新闻报道中更为客观地了解到这种主观性，从而产生一种将实践与价值区分开的理念与准则。第二，新闻报道播出的时效性。新闻报道的基础含义是传递信息，而时效性是信息的基础属性。在传递的过程中，任何一个阶段都会延长信息传递的时间，从而减少信息的有效性。因此，应该尽量

① 张颂.播音创作基础［M］.北京：中国传媒大学出版社，2013：7-8.

缩短信息的采集、获取、分析、传递、应用等环节的时间间隔，以提高信息的价值。显然，对于人类社会中的大多数信息而言，随着时间的推进，其价值将出现递减，但是根据不同的目的也可能出现另一种目的上的回升。第三，报道语言的规范性。张颂曾提出过播音主持语言的“三性三感”的概念，即规范性、庄重性、鼓动性、时代感、分寸感、亲切感。规范性是第一位的。因为只有建立了规范的体系，其他的要求才具有意义，播音工作者才能够根据环境的变化和要求，在不同的基础上追求美的享受。

自人工智能主播的最初版本虚拟主持人诞生之日起，信息传递便是其优于真人主播的最大长处。人工智能主播能够 24 小时无误差无休止作业，以提高电视新闻的制作效率，从而减少制作成本，最大限度地提升新闻的时效性；AI合成主播生成视频内容只需要让编辑将文字稿件输入设定程序即可瞬间生成，既保证了报道内容的客观性，又避免了真人主播在节目进程中出现的误读、漏读和错读情况。然而，AI合成主播在规范性方面还是存在问题的。人能够根据不同语境，对相同内容的文本进行处理，通过改变语句中的停顿、连续、语调、轻重或快慢，让文本产生不同的含义和情感。在汉语普通话当中存在很多声音变幻现象，其中包含轻音、儿化、“一”“不”和上声的变调等。因此，在普通话中，仅仅通过声调的细微变化就能够影响信息传递的准确性。例如“老子”一词，当“子”读上声时，“老子”一词指代的是中国古代春秋时期的哲学家、道教创始人和主要代表人物；当“子”读轻声时，则意为父亲或骄傲之人的自称。有效提升人工智能主播表情达意的规范性，需要技术水平发展到可以根据语境对相同文本做区别化处理的程度。

（二）信息共享的延伸：艺术审美层次的应用

大数据存储资源海量，其所呈现出的信息内容纷繁复杂，很难做到对核心观点的聚焦。主持传播主体的任务，就是要在众多的信息中提取用户最为关注的部分，适时给予解读，充分挖掘智能时代信息共享的深层价值。相比人工智能主播，真人主播，在信息共享前，使主体意识整体性的延伸得以凸显。人工智能主播应用的艺术审美层次，要求在信息传递准确、及时的基础之上，AI技术产品的外观、语言、动作和表情的流畅度等方面需要具有一定的美感，将真人主播的信息共享意识得以延伸，以艺术审美的方式得以技术呈现。

主持传播中的音声符号作为有声语言艺术的一个类别，艺术性是其基本属性。“作为艺术追究的播音创作是以情感为动力、以气息为依托、以声音为表现的大众传播形式。”[1]主持人在从事有声语言创作活动的过程中，不仅仅需要“念字出声”，更重要的是赋予文字稿件艺术内涵，充分运用有声语言的描述方式去渲染氛围，营造意境。判断人工智能是否在主持传播领域达到艺术审美层次的标准在于人工智能技术合成的作品或产品是否能够在准确传递的基础之上，达到“气韵生动”的美感。人工智能主播艺术审美层次的应用特点有，第一，语言表达的艺术性。艺术性的表现除语音训练外，还包含形态、手势、微表情、姿态等副语言表现体系。第二，表现情绪的技巧性。《播音创作基础》中总结了 10 种情感下声音和气息的变化（如“爱”的情感是气徐声柔，“憎”的情感是气促生硬，“悲”的情感是气沉声缓；“喜”的情感是气满声高等）。第三，声音形象的韵律美。主持人的吐字归音需要字正腔圆，清晰轻巧。人工智能主播在完成前期采集之后，基本能够满足吐字归音和声音形象的需要。

以中央电视台和中共深圳市委宣传部联合出品的 AI 配音纪录片《创新中国》为例。在这部纪录片中，全程担任解说的是人工智能主播。主创团队用AI分析重现了已故知名配音演员李易的声音，这是世界首部利用人工智能模拟人声完成配音的大型纪录片。在《创新中国》第四集里，有这么一段话：“屠呦呦从黄花蒿中提取了有效成分——青蒿素，它成功压制了人类历史上最大规模的传染病之一，拯救了无数的人类生命”。本句话中的重音应落在“青蒿素”上，而配音中却轻描淡写，让受众从语言中感受不到青蒿素挽救了无数人的生命作用。而李易先生亲自配音的纪录片——《生命的力量》，同样是以生命为主题的作品，就能令受众从字里行间感受到力量，其配音用“丝丝入扣”来形容绝不为过。因此，目前 AI 技术还不能达到艺术审美高度，虽然能够满足实用性需要，但想要达到艺术创作的水准还需要技术团队的研发和探讨。

（三）认知共识的引导：情感交互层次的应用

在信息生产与分发渠道更加多样化的今天，作为主持传播主体的播音员主持人不能仅仅是信息共享的端口，在人人可以参与讨论的时代，其更应该是同一话语空间中的权威发言人。人工智能主播的情感交互层次，就是以技术衍生的情感交互功能，实现与真人主播同频共振的认知共识引导。情感交互层次，需要人工智能具有满足人类在情感需求的沟通能力、共情能力等基础上，实现对公众认知共识

① 范藻.提升审美品位 夯实专业基础——播音主持基本功教学的美学阐释［J］.中国主持传播研究，2019（1）：58-67.

的引导。

情感能力在人类交流中起着至关重要的作用，促进认知共识的引导，因此在设计人与机器人之间的交互过程时也越来越受到重视。“在人机交互领域，情感识别和情感理解与计算技术，是实现人性化的人机交互不可缺少的部分。”①根据马斯洛的需求层次的基础理论，人类除了需要达到最低级的生理需求之外，会希望能满足更高级的对于安全归属、爱和尊重的需求。情感交互层次，可以理解为人类在情感方面对于人机互动的需要。因此，人类不仅希望人机互动只停留于简单的发出指令、接收指令和执行指令，而对其具有更深层次的需要，即AI机器人作为一个伴随者能使人感到亲切感和归属感等。

像人类一样，具有情感智能的机器人应该能够应对人类对应的情感以及他们自己的人工情感，这需要一些关键能力。机器人将人类与机器人的交互作为训练参考，通过视觉和听觉的集成来开发简单的声音定位。与人工智能技术的高度发展相比，情感始终是横跨在人脑与电脑之间一条无法逾越的鸿沟。情感机器人就是赋予了人类式情感的机器人，具有表达、识别和理解喜乐哀怒的能力。情感交互层次的应用特点如下，第一，外观形象的真实感。人工智能技术要想达到情感交互的层次就必须使其外观形象无限接近于人类的状态。人工智能主播的语言、动作、表情越自然，能够使受众产生放松感。过于机械化的外观形象会使受众产生陌生感和距离感。第二，对话交流的亲切感。人工智能技术在对话交流方面的探索还是有一定成效的。小到苹果 Siri、智能音箱、天猫精灵等智能语音设备，大到AI虚拟主播“小小撒”等都能够对答如流。第三，情感表达的贴切感。人之所以能够进行艺术创作活动，是因为艺术创作和艺术作品满足了人类情感交流的需要。主持传播是语言艺术的创作活动，艺术性是其基本特性之一，主持创作活动区别于简单的“念字出声”式的机械运动，是主持传播主体对创作内容进行深入理解和具体感受之后，调动思想感情使之处于运动状态从而激发播讲欲望到“非说不可”的程度下，完成形之于声和及于受众的过程。

以人工智能主播主播“小小撒”为例。2019央视网络春晚，人工智能主播“小小撒”身穿喜气洋洋的红色衣服，外貌、表情和神态简直和小撒一模一样，站在小撒身旁，其气场完全不亚于原版主持人。小撒本来已经是一个“戏精”了，但“小小撒”比小撒更有表演天分，全场经常精彩台词脱口而出，引起观众阵阵喝彩。“小小撒”的原名其实叫作湃（PAI），是美国AI公司偶邦（ObEN）研发的一款新型人工

① 王一婷，杜鹏.人工智能识别主持人情感［J］.中国广播电视学刊，2019（1）：24-27.

智能主持人，从整体形象上来看“小小撒”的外观非常接近于设计原型撒贝宁，但由于技术水平的限制，唇部动作、肢体动作还稍显僵硬。“小小撒”在对话交流的亲切感上，表现不错。当撒贝宁刚准备开始准备宣布下一个环节时，“小小撒”便主动接上，性格鲜活，十分有趣。“小小撒”的语言和情感都较为贴合，在贴切程度上表现不错。但事实上，AI生成的播音听感距离实际人声的表达还存在着一定差距，语言的流动性存在一定节奏感。如果对比播音中思想感情的流动和具体语气，它与实际人声的差异更为明显。究其原因，是由于AI语音在“文—语转换”（Textto Speech）的过程中，在语句中对于字或词的调节、音节的快慢、语气的强弱、节奏的把控等在发音之前就需要被预先确定，之后在整个语序中的词句需要依据采集时语句中的词句状态调整。但人工智能并不能像人类一样具有完整的思维和感情的运动，也没有办法依照时序和空间甚至受众的感觉来及时调节用语的分寸，因此人工智能播报在细节变化上不能完全对人类心理进行释义。

（四）愉悦共鸣的升华：人格化定制层次的应用

审美是人类独有的思维方式，尤其是在智能化生产的时代，主持传播更要承担起传播文化、愉悦精神、提升受众审美能力的重要使命。审美是人类独有的创造性活动，有内涵、有感染力、蕴含美感的话语才能打开受众的心扉，才能让愉悦共鸣更具有价值。人格化定制层次，探讨AI 技术在播音领域是否能够达到人格化、人性化、人际化，满足用户的个性化需求等，实现主持传播社会功能的愉悦共鸣。

人格化（个性化）定制层次是 AI 技术在主持传播领域应用层次的最高级。“主持传播与任何机械化的大众传播比较起来，最突出的特点就是在传播中凸显了人的因素。”①尽管目前为止还远不能达到，但是我们可以通过目前 AI 技术在主持传播领域的应用态势窥探出端倪。本文将能够达到个性化定制层次的AI技术作品定义为使受众满意的AI技术作品。人格化定制层次的应用特点有，第一，人格化的人物特征。人格（personality）又称个性。人格是使人具有与众不同的思想、情感和行为的典型模式。人们认为，人格是从个人内部产生的，并且在一生中保持相当一致。对人格的研究可以使人对人格在一生中如何发展和变化产生有趣的见解。这项研究在现实世界中也可能具有重要的实际应用。人格评估通常用于帮助人们了解自己以及他人的独特优势、劣势和偏好。AI 主播人格化能够使人工智能虚拟主播风格鲜明，具有标识度和记忆点。第二，人性化的定制理念。机器人朝着个性化

① 高贵武，滕泽人.中国电视新闻评论中的人格化演进［J］.国际新闻界，2014，36（10）：119-131.

和具有独特的情感的趋势发展，技术的发展让机器语音有情感成为可能。基音同步叠加技术，让人工智能声音的自然度和音质得到明显改善。而基于各类科学发展的人工情感建模和人工情感交互技术将会促进机器人的个性化发展。未来，用户能够选择自己喜欢的声音、形象、性格、剧情、触发不同的节目环节，增加参与感和用户黏度。第三，人际化的传播方式。随着移动终端技术的发展，我们迎来了大众传媒和人际化的时代，利用 AI 技术，挖掘用户需求，进行实时反馈，使用对话、聊天等方式达到传播效果，更加贴合受众的需要。

以人工智能主播的有声演播产品为例。随着有声书平台的发展，有声读物这种独特的伴随式阅读方式深入受众的生活。AI 技术在有声演播方面的尝试充分发挥了技术优势，主张定制理念，颇具前瞻性。受众可以根据个人的喜好，对内容的声音进行调节，例如我们所熟悉的央视主播的声音，如康辉的声音大气沉厚，李立宏的声音充满美感，都可以成为个人不同的选择；甚至还可以将自己的声音和家人朋友的声音作为定制化音色，在内容上选取需要阅读的书籍和信息，将两者整合起来进行播放，具有极高的自由度。在对人工智能和信息化时代的最新技术的应用下，人工智能主播能够加速广播电视媒体的模式创新，融合改造，使资源得到更加优化的配置和利用，使内容得到充分的汇聚和丰富，在和谐中共生，通过不同的渠道实现个性化发展，精准化服务，利用流程化提升效率，更好地满足服务用户的需求，提高用户体验，进而达到愉悦共鸣的效果。

三、人工智能主播的发展前景

在对人工智能主播应用层次的分析中，人工智能技术的优点有目共睹的，不过其中的不完美是制约其快速发展的重要原因。作为新型主持传播主体的人工智能主播的尚存缺陷亟须弥补。人工智能主播如果能够被得体、恰当地应用，无疑是一件提高传媒行业整体运转效率的益事。人工智能技术合成的播音主持作品现今仍然处于摸索和研发之中。如果能够解决人工智能主播在研制和应用过程中发现的相应问题，就能缩小AI虚拟主持人和人类主持人在形象上、语言上、情感上的差距，从而更好地施展它的优点，使其更好地为传媒行业服务。

（一）人工智能主播“独当一面”的能力不足：真人+AI 协同播报

尽管现已存在较多人工智能主播或虚拟形象担任主持人角色的案例，但目前为止主要的节目形态与呈现方式均为真人主播+AI主播的协同式播报。AI虚拟形象参与主持人的节目互动，推进节目环节的承续，且多是在节目中的某个特定环节从事简单的播报、对话等工作。AI合成主播、虚拟主持人“冒险直进”能力不足，应变力和创新能力不足，无法独立完成更具艺术性和挑战性的主持创作活动。

近些年来，如科大讯飞听声转写助手和一些 AI 等现代高科技产品频繁出现在各大会议中，因为其不仅在时间上非常高效，其成稿的准确性也非常之高；AI 记者助理“小白”，可以模仿白岩松老师的声音为记者们答疑解惑；人工智能主播“小晴”在 2019 互联网岳麓峰会上与湖南卫视主持人魏哲浩同台搭档，不仅仅精通汉语，诸位虚拟主播还精通并能够准确无误地在四种语言中切换自如。人工智能根据语音识别、语句意思理解、图像和影响等方面的各种技术，在同一时间运用多种语言新闻播报时，还能支持文本到视频的自动输出。标准化播音、重复性工作在先进更多的由人工智能代替完成，从而更好地将人类主播从单一、繁重的重复性工作中解放出来，让人类主播投入更多精力在需要展现创意、智慧、艺术的创作活动。

通过“AI+媒体”科技，针对新闻采集编写，在电视栏目播、审、存的过程，前沿科技公司不断研发出新的产品，帮助媒体记者更高效地进行相关的媒体工作。更多的AI虚拟主播形象出现在各大媒介平台，人机协同播报将会有更大程度的推广。

（二）人工智能主播情感感知能力不足：“私人定制”广播电视节目

在真人主播进行节目创作的进程中，往往需要对嘉宾、观众的反应进行观察，并及时根据现场情况调整话术或节目进程。而AI虚拟主持人在情感类节目中之所以很少被应用，很大一部分原因在于其对于人性、情绪、情感等方面的感知能力不足。此外，由于目前所能达到的技术水平的限制，AI主播或主持人的逼真度还不足以“以假乱真”。因此，目前观众对于AI虚拟形象的接受程度还停留在较为简单的日常对话的环节，例如在访谈类节目中，虚拟形象很难使受众产生共情，就会无法引起观众的共鸣、满足观众的情感诉求，“私人定制”广播电视节目在深入人工智能主播技术缺陷修复的基础上，满足了情感感知的需求。

高科技智能语音技术公司科大讯飞，在语音辨别、语音合成、语音交互、认知智能等多个AI技术领域一直坚持不懈地自主创新，不断提高人工智能的高科技水平，加速智能语音技能的成绩持续落实。2019年，科大讯飞推出了能够识别 12 种方言并自动转化为文字的智能录音笔，体现了科大讯飞在语音识别和语音合成等科学技术领域中更上一层楼。若该项技术转化为有声演播或广播电视节目所用，可让个性化定制发挥优势。如今越来越多的领域更倾向于多样化的方式。对制作有声读物的方式、技术等不够了解、没有实际有声演播经验或没有制作条件的受众，可以按照其要求上传声音材料，由软件系统进行准确的识别、分析、处理等然后自动制作成自己的音库，通过语音识别处理的技术完成具有个性化的有声读物专属制作；在这个过程中，不仅增强趣味性同时还能满足受众群体的多元化需求。面对同一个广播节目，想要听方言节目的观众可以“一键切换方言”，不同地域的用户可选择不同方言进行收听。

伴随着更精准的数据分析，受众的倾向都掌握在云端，精准化、智能化、对象化、个性化将成为新闻机构为用户进行精准定制的基础数据。在融媒体时代，广播、电视媒体和新媒体正在融为一体，传统媒介中的广播、电视节目都拥有自己的新媒体门户网站以及手机推介平台。手机移动客户端这个媒介，将加快具有个性化的内容定制。未来的人工智能主播或将根据每一位受众的关注点，进行专属的评论和定制化的报道。

（三）人工智能主播美感不足、副语言能力欠缺：人格化定制AI主播

人工智能主播创作手段过度依赖数据和计算，缺乏美感。从“小小撒”等AI虚拟主持人的节目现场对话表现来看，虚拟主持人对于技术的依赖程度过高。尽管在对答环节的表现可圈可点，但缺乏创新能力，也缺乏艺术表现力。从声音形象上看，其内容与情绪的贴切程度还不够，缺乏美感，不够自然。同时，人工智能主播副语言能力欠缺，导致观众产生不适感和距离感。受技术采集等因素的影响，人工智能主播在肢体动作、面部表情等副语言方面的表现能力较差，因此观感上存在较为生硬、动作不流畅、场面调度少等现象。对比人类主持人，真人的优势就贵在一个“真”字。如果不能做到副语言上的自然和逼真，仅仅依赖话语本身，是无法达到流露“真情实感”的效果的，人格化定制的人工智能主播就可满足这一需求。

个性化的定制不仅限于媒体语言的内容，对于人工智能主播的外形，个性化定制也是必然趋势。作为媒体语言传播者，人类播音员、主持人有着不同的语言风格、性格特征，有的人还能掌握多门外语，有些受众群有着差异化的民族背景，其差异化的风格为多元化的受众群体提供服务。反之，人工智能主播如果只是千篇一律，以一种面貌示人，很多时候会给受众群带来枯燥和乏味的感受，必然会影响媒体语言传播的效力。以目前的技术，将人工智能主播设计为多种外形模式并不存在过多的技术困难，更容易在技术上接受不同受众的个性化定制。未来，人工智能主播或将拥有成千上万种版本，成为广大受众的私人服务型AI主播。

四、结语

人工智能主播不但是人类在媒体和AI 技术融合下研发出的人机文明新产物，同时更为人类在全媒体的言语传播中画上了浓墨重彩的一笔，具有不可估量的发展空间，同时也有或多或少的不确定因素。本文将人工智能在传媒领域的应用层次划分为信息传递、艺术审美、情感交互和人格化定制四个层次之间，一定是交融而非孤立的。这四个层次是由低水准到高追求的，技术难度也是由简单到复杂的。这不仅展现出了人工智能在主持传播领域中的发展进程，也展现了未来应用研发上的侧重点和追求。从对目前存在的应用成果的总结可以看出，人工智能技术虽已被媒体行业广泛应用，但在主持传播方面依旧处于探索阶段。以AI合成主播、虚拟主持人为代表的人工智能形象还未能更广泛、细致地参与主持传播环节。当然，如果进一步就人工智能主播在细分领域的应用做出更好的设计，提出更有效的方案和规划，或许能够使研究成果更利于转化，为人工智能主播的实际发展需要提供更多参考依据。

参考文献

[1] 张梦，陈昌凤.智媒研究综述：人工智能在新闻业中的应用及其伦理反思[J].全球传媒学刊，2021(1).

[2] 薛翔，杨航.新技术实践中的“身体”：理解主持传播的智能主体[J].新闻爱好者，2020(7).

[3] 邵鹏，杨禹.AI虚拟主播与主持人具身传播[J].中国广播电视学刊，2020(6).

[4] 於春.传播中的离身与具身：人工智能新闻主播的认知交互[J].国际新闻界，2020(5).

[5] 刘海明，付莎莎.技术的界碑：人工智能对新闻真实的伦理挑战[J].现代传播(中国传媒大学学报)，2019(9).

[6] 周勇，郝君怡.职能演进与群体变更：播音主持职业发展演进逻辑与未来趋势[J].当代传播，2019(5).

[7] 何强.人工智能在新闻领域应用的新突破——从全球首个“AI合成主播”谈起[J].新闻与写作，2019(5).

［8］孙玮.交流者的身体：传播与在场——意识主体、身体—主体、智能主体的演变［J］.国际新闻界，2018（12）.

［9］高贵武，刘娟.新媒体环境下的主持传播格局演变［J］.国际新闻界，2016（3）.

［10］徐树华.论口语研究的三种导向：交际、表达、传播［J］.现代传播（中国传媒大学学报），2012（9）.

后台前置：融媒时代总台主持人在综艺节目中的自我呈现

◎ 焦亚肖*

摘要： 媒体融合环境下，总台主持人纷纷跨平台、跨身份参与综艺节目并在节目中进行自我展露。本文以拟剧理论与主持传播理论交叉视野探究总台主持人在“后台前置”中角色的改变、行为的反差与符号的转换为受众所带来的新的审美体验。并发现，在媒介环境与技术不断发展变革的情况下，主持人在综艺节目中的“后台前置”的自我呈现更有利于自身发展与转型。

关键词： 主持传播，拟剧理论，综艺节目，主持人转型发展

2019年年末，中央广播电视总台推出首档新青年生活分享类综艺《你好，生活》，节目常邀请总台主持人做客担任嘉宾，在节目中分享自己的生活故事，令观众耳目一新。2021年夏天，总台首次推出主播新媒体才艺秀《央Young之夏》，四十余位总台主持人分组对抗，分类公演，观众直呼“神仙打架”。同年12月总台“央Young”系列再出新品，打造《冬日暖央Young》，积极响应“三亿人参与冰雪运动”的号召，在才艺展示基础上加入冰雪运动比赛迎接2022北京冬奥会。2022年春节前夕，总台推出《2022春节戏曲晚会》新媒体衍生节目《年年有戏》，二十余位总台主持人“沉浸式”学戏、唱戏迎接新年……可以发现，媒体融合逐渐开展以来，中央广播电视总台充分利用资源优势，给主持人提供多级平台，发挥主持人自身特长，积极打造主持人IP 。从观众角度来看，在以主持人为主体的综艺节目中，可以看到更多主持人背后鲜为人知的形象和故事，充满一种“后台窥视感”。从媒介环境发展角度而言，在媒体融合背景下，主持人这一媒介角色的功能得到拓展与合理性应用，主持人彰显自身人格魅力也有了新的途径。

一、拟剧理论与主持传播的交融

社会学研究的先驱戈夫曼在拟剧理论中曾提出前台和后台概念，其中前台指

* 焦亚肖，河北大学新闻传播学院研究生。

一种制度化的社会存在，它所构成的先决条件由特定时空应有的历史环境提供，因而要求表演者所表演的是理想化、社会化的自我[①]。后台是与表演场所相隔离的，处于呈现表演前台的末端。表演者在后台得以放松和休息，暂时地脱下“理想化”的面具。因此在“后台”中，表演者更多地表现出自发性的主我。主持人的“前台”就是以主持人身份根据不同节目类型依赖媒介进行大众传播，主持人的“后台”则是以非主持人身份进入日常生活实现人与人之间的人际传播。主持人在综艺节目中脱下“主持人”这一角色的外衣，以嘉宾或选手的身份参与节目互动的“后台前置”，使前后台界线模糊，概念融合，也就成为主持传播实现的有效路径。

“后台前置”意味着要将本属于后台的个人生活与情感搬到前台，在镜头和灯光的作用下聚焦个体经历并将之放大，于是主持人“后台”的个人魅力也被放大，使自身形象不再拘泥于往常节目主持中的固有形象，而变得更加丰富立体。

二、“后台前置”的实现路径与呈现内容

（一）角色的改变：赋予“老朋友”新的身份

节目参与身份的改变是实现主持人“后台前置”的基础。所谓“老朋友”指观众所熟知的，经常活跃在大屏、小屏上的节目主持人。在节目中往往起到掌控节目进程，串联节目环节，控制节目效果的作用，是一档节目的关键角色。新身份则是指节目主持人在本档节目中不再是主持人的角色，而是以参演嘉宾、参赛选手或是受训学员的身份参与节目进程，以客体的身份构成节目的主体内容。《你好，生活》中常邀请总台的新闻“国脸”参与节目，康辉、朱广权、李梓萌等人都是这档节目的常客。在《新闻联播》《新闻直播间》等节目中，他们公正、客观地传播时事新闻，发表官方评价，但在《你好，生活》中他们则回归生活，盘腿坐在地上或围在炉边，以邻家大哥、大姐的形象畅谈生活趣事，甚至在节目中为新闻主播李梓萌的终身大事而操心。在《年年有戏》中，总台文艺频道主持人朱迅也一改平常在《星光大道》节目中为选手服务、串联节目表演的身份，自己反而成了节目表演者。身份的改变使在《星光大道》中的“绿叶”，变成了《年年有戏》中的“红花”，朱迅也能够在节目中畅快地展现自己的戏曲功底，过把唱戏的瘾。总台主持人在综艺节目中参与身份的改变，使观众们看到了他们跟往常不一样的形象，当观众看够了众多演员、歌手参与的综艺节目后会发现，原来主持人们成为节目嘉宾或选手的时候也可以给自己带

---

① 戈夫曼.日常生活中的自我呈现［M］. 黄爱华，冯钢，译.杭州：浙江人民出版社，1989.

来新的审美体验。

（二）行为的反差：提升“新演员”人格魅力

参与角色的改变必然会带来参与者行为的反差，反差越大，其人格魅力越得以充分彰显。尤其是在行为反差所展现出的细节中，更可以看到参与者的道德素养，从而吸引更多观众注意力，提升观众对其好感度，扩大自身影响力，也反哺自身所主持节目的影响力，在节目中提升其的权威性。在《央Young之夏》中倪萍带来了脱口秀——《倪姐来了》，爆料朱迅台下是“迅宝宝”，台上是“女强人”；撒贝宁为省钱给孩子买奶粉参与综艺时只穿同一条裤子。在《冬日暖央Young》中一众新闻主播纷纷化身冰壶运动员，赛前与对手握手以示尊敬，赛中为赢得比赛讲解技巧、分析局势、出谋划策，既彰显礼节又使比赛充满乐趣与看点。

主持人参与综艺节目所展现出来的行为反差构成了“后台前置”的主体内容。在这个过程中，主持人作为参与者的“意见领袖”属性弱化，在节目参与中的个人信息输出效率被降低，在意见态度上服从团队意愿，个人话语权不再强势。这种转变一方面丰富了节目内容，另一方面对主持人自身而言是“自我暴露”的体现，使主持人本应属于后台的德行素养、自身性格与人格魅力在前台得以彰显。同时，因为每位主持人自身性格具有差异性，在自身所主持的新闻节目、综艺节目、体育节目等不同类型的节目中本身具有不同人设，所以在参与综艺节目过程中所展现的行动的反差也具有大小不同的差异。综艺节目主持人在自身节目中本身就较新闻节目主持人更活泼、幽默，随意性较强，所以当新闻节目主持人或新闻主播在参与综艺节目过程中所形成的反差就更引人瞩目。

（三）符号的转换：流露“叙事人”真情实感

符号的意义在传播中生成，不同节目的场景和语境限制着信息传播者语言符号和非语言符号的选择。不同的选择也导致节目在传播过程中传达出不一样的意义。主持人在以主持人身份参与节目主持时所流露出的语言符号与非语言符号更多代表着节目组和身后平台的态度，而当主持人在参与节目中的角色身份改变后，其符号的选择则更多遵从于自己的意愿，彰显自己的性格与特征，也更能够在符号传播过程中体现异于主持人的传播意义。

1.语言符号的跨语境转换

首先新闻类节目和综艺类节目语境不同。当康辉和李梓萌在播报《新闻联播》

时不可能产生两者之间的对话，而在综艺节目《你好，生活》中李梓萌则可以称呼康辉为“康帅”或“康主任”。其次，不同的综艺节目中的语境各不相同。如以总台《你好，生活》为代表的“慢综艺类”节目，因其独特的慢叙事节奏和生活化的叙事符号向观众传递出轻松、悠闲的信号；而在以总台《央Young之夏》《冬日暖央Young》为代表的竞赛类综艺节目中则表达着竞争、对抗、争霸的意味。当主持人以非主持人身份参加综艺节目时所流露出的语言符号也会产生不同的效果。综艺节目主持人任鲁豫在《你好，生活》中，站在海边通过“喊话”的方式表达对已逝父亲的思念，康辉在这档节目中也将自己对于母亲的怀念与遗憾娓娓道来，两者的喊话与讲述都不同于二人以往在自己节目中的语言。而观众在见过、听过这样的转变之后，对春晚主持人任鲁豫和新闻播音员康辉的认知有了更“接地气”、更全面的了解，了解到原来正襟危坐的节目主持人、播音员们对于亲人也和大家一样有着细腻的情感，对人生也有着无奈的缺憾。而当主持人以参赛选手或参训学员的身份参与竞赛类综艺节目时，因其不再掌握节目进程，也流露出与节目主持人不一样的话语。如在《年年有戏》中，总台主持人徐俐以学员身份站在舞台上接受几位专业戏曲专家的“考核”，其话语相较于播报新闻时的严谨，更显得轻松、诙谐。

2.非语言符号的自然流露

非语言符号的转换主要呈现在服装服饰和神情神态两方面。从服装服饰方面来看，在《你好，生活》中，受邀参与节目的总台主持人不再穿着往常的西装、礼服、皮鞋等较为正式的着装，而是选择更加随意自由的着装。一件简约的衬衫、一双普通的拖鞋、一副黑框墨镜、一顶遮阳帽等体现出作为分享生活感悟的嘉宾随心、随性的生活态度，向观众展示出总台主持人“后台”生活中惬意的生活状态。在《央Young之夏》中，总台新闻主播李文静摘下新闻节目中常用的“短发”亮出自己的波浪长发“放飞自我”，李梓萌也不再以西装示人，而是穿上靓丽的时装与月亮姐姐跳起动感十足的舞蹈……服装服饰的改变将总台主持人们在后台的形象搬至前台，让观众在接受视觉审美的同时也得到了新鲜感的体验。

从神情神态上的变化来看，参与综艺节目的总台主持人们对于镜头从“注视”到“无视”，从注意力“高度集中”到“随意放松”是后台前置的最大改变。在日常活中人们不会时刻寻找“镜头感”，而主持人在主持节目时却要时刻注意镜头的存在，只有当主持人们在综艺节目中无视镜头、随意放松之后才能真正地表达情感。如倪萍在《你好，生活》讲述自己的生活经历时不会像在《等着我》中一样对着镜头讲述，而是与身边的朋友真诚地讲述，眼神时而对着其他嘉宾，时而放空盯着某一物体。当把主持人们生活中无镜头存在的状态搬到前台供观众欣赏时，会更能体现节目与讲述者的真情实感。

三、总台主持人“后台前置”自我呈现的意义

自2014年中央深改组通过《关于推动传统媒体和新兴媒体融合发展的指导意见》后，媒体融合已经上升为国家战略。经过起步探索和加速推进阶段后已经步入了全媒体建设阶段。在此背景下总台动员广大主持人广泛参与“兄弟节目”，使传统电视节目主持人也参与深度融合，同时通过“后台前置”的曝光方法提升主持人和节目的双道流量，更在此基础上弘扬传统文化，助力冰雪运动发展，实现宣传教育目的。此为顺应媒介环境变革之中的应有之义。而从主持人自身而言，在AI、AR、VR、4K、8K等众多技术的快速发展下，传统媒体主持人似乎已被逼迫到角落之中，所谓的“后台隐私”也无法保证具有十足的私密性，索性乘“技术”东风，积极转型，跨界跨屏参与融媒体与新媒体，在与刻板形象形成的反差之中树立“新人设”。

（一）媒介环境变革中的应有之义

2018年中央电视台、中央人民广播电台、中国国际广播电台合并为中央广播电视总台，此后，来自三台的播音员、主持人频繁“跨界”互动。先是中央人民广播电台《新闻和报纸摘要》播音员郑岚成为首次献声《新闻联播》的播音员，又有中国国际广播电台播音员段纯主持2018年“五月的鲜花”五四晚会。发展至今，无论是主持人参与节目的深度还是跨界的广度都深度契合媒体融合趋势。央视总台主持人在综艺节目中“后台前置”的表现，也自然是大势所趋。其次在“后台前置”过程中，无论是主持人自身生活习惯的“刻意设计”还是“无意暴露”都使观众过足眼瘾。且《你好、生活》《央Young之夏》《冬日暖央Young》《年年有戏》几档节目，参与节目过程的主持人各年龄层涉及范围十分全面，既有新闻主播康辉、李梓萌等人，也有综艺节目主持人李思思、龙洋等，以及少儿频道主持人鞠萍、红果果、绿泡泡，戏曲频道主持人孙晓梅，中央人民广播电台播音员海阳、姚铁滨，央视总台记者王冰冰等人都“乐”在其中。这样能够照顾到老、中、青、幼多级观众的喜好，通过掌握“流量密码”以实现“各美其美，美美与共”的多赢效果。在吸引了众多观众目光之后，无论是电视还是新媒体客户端都担负着宣传教育的重要任务。在《你好，生活》中流露出的积极向上的人生态度、在《央Young之夏》《冬日暖央Young》中

传递的欢乐气氛以及冰雪运动知识、《年年有戏》里弘扬的传统戏曲艺术之美……都是总台整合资源，创新文化传播形式的体现。

（二）主持人转型发展的必修之课

伴随AI技术的发展，人工智能主持人频频出新走进观众视野。在带给观众新的视听体验之余，对主持人行业也造成了不小的冲击。同时伴随自媒体、新媒体等平台的兴起，传统媒体主持人生存领域进一步被压缩，于是众多主持人纷纷涉足“抖音”“快手”等新媒体领域。央视总台少儿频道主持人月亮姐姐、经济频道前主持人王小骞等人在新媒体平台上已经收获一众粉丝。央视总台主持人们在综艺节目中“后台前置”的表现和在“抖音”等新媒体平台上的展现有着异曲同工之妙，无论是唱、跳、讲故事、演小品、参加运动还是分享生活都是将日常生活中最真实的自我暴露在新平台、新媒介之上。这可以看作是在新技术的冲击和新环境的裹挟之下“放飞自我”的展现。在这个过程中所形成的与自身以往形象的反差也更够彰显自身的才华与魅力。如李思思在冰壶比赛中投掷冰壶、康辉在节目中说唱、李梓萌在公演里跳现代舞，都在突破往常荧幕形象的基础上带给观众新的荧幕形象，对自身而言也解锁了更多节目形式，丰富了自己的从业经历，彰显了自身的人格魅力。

总台主持人在综艺节目中“后台前置”的表现源于拟剧理论与主持传播学的融合，通过角色的改变、参与节目行为的反差和语言符号、非语言符号的流露，实现了人际化的大众传播与大众化的人际传播。更在这个过程中，表现出了总台主持人“幕后”的真情实感，丰富了自身形象，进而提升了人格魅力。而人格魅力的彰显也正是主持人胜于人工智能主持人的有效途径和法宝。在“后台前置”的展示下，更有助于主持人深度参与媒体融合，适应自身跨媒介生存，顺应媒介环境变革大势。

参考文献

[1] 戈夫曼.日常生活中的自我呈现［M］. 黄爱华，冯钢，译.杭州：浙江人民出版社，1989.

[2] 高贵武.主持传播学概论（第二版）［M］. 北京：北京大学出版社，2019.

[3] 栾轶玫.后台表演的前台呈现—— 拟剧理论视角下综艺节目的嘉宾选择与角色设定［J］.视听界，2020（4）.

[4] 张梅.从角色表演到角色外活动——对戈夫曼《日常生活中的自我呈现》的框架性分析［J］.东南传播，2010（7）.

主持传播跨学科研究

平昌冬奥会央视高山滑雪项目解说词频研究

◎ 李亚虹 周子涵*

摘要：高山滑雪是冬奥会标志性项目之一，其地位与夏季奥运会的田径和游泳项目相仿。而高山滑雪解说也恰恰为我国体育解说界的薄弱点。由此，本文试对平昌冬奥会央视高山滑雪项目解说样本进行话语分析。采用语言学理论，使用NVivo 11词频分析软件，分析样本解说内容和语言表达样式，探索其高山滑雪项目的解说特点，进而提出我国雪上项目解说水平提升的建议：对运动项目的热爱、注重节奏与留白、精准描述细节等，此外，还应做好知识普及、技战术分析和民族文化与奥运精神的交汇融合，讲好冬奥赛场上的中国故事。

关键词：平昌冬奥会，雪上项目，高山滑雪，体育解说，话语分析

2022年北京冬奥会成功申办，为我国冰雪运动事业的推广普及营造了难得的发展机遇。解说员作为冬奥推广的重要一环，承担着冰雪运动宣传与普及的责任。在“三亿人上冰雪”的愿景下，媒体转播冰雪赛事的频率越来越高，我国对冬奥冰雪解说员的需求也越来越大，解说员如何达到更好的解说效果成为当前重要的研究议题。

通过文献检索发现，在主持传播与奥运传播这一领域内，没有关于“雪上项目”的解说研究，只有少量关于“冰上项目”解说的研究。同时，当今时代，新媒体为观众营造了一种全新的话语平台，体育解说也逐渐呈现出新的话语特征，这对雪上项目解说员提出了哪些要求？本文使用NVivo 11词频分析软件，此软件能有效分析多种不同类型的数据，诸如文字、图片、录像等，是实现质性研究的最佳工具。本研究主要用其词频统计功能，统计高频词汇、绘制词云图，综合运用语言学、播音创作理论、主持传播学等学科知识，对平昌冬奥会央视高山滑雪解说样本进行话语分析。其一，通过词义统计把握解说主题与结构；其二通过词性统计探索解说风格等。

* 李亚虹，河北大学新闻传播学院教授，主要研究方向：播音与主持艺术、广播电视新闻、海洋新闻；周子涵，河北大学新闻传播学院本科生。

一、我国高山滑雪解说现状

目前，我国冰上项目发展顺风顺水，雪上项目略显薄弱。在有着“雪重冰轻”“得雪上者得天下”说法的冬奥会中，中国队任重道远。数据显示，自1980年中国第一次参加冬奥会，截止到2022年北京冬奥会，中国队在冬奥会上共获得77枚奖牌。其中，冰上项目就占据了56枚奖牌，而雪上项目仅有21枚。因此，相对于冰上项目来说，雪上项目的得牌数量限制了人们对它的了解程度，这也使对这一方面有过深入了解的解说员更是凤毛麟角。因此，我国急需培养一定数量的雪上项目解说人才。

高山滑雪是冬奥会的“旗舰项目”。作为冬季运动的基础大项，其地位与夏季奥运会的田径和游泳相仿，无论是在冬奥会赛场亦或者欧美冬季运动世界杯系列赛，高山滑雪总是备受瞩目的项目之一①。管窥2022北京冬奥会开幕式，在91个注册参加冬奥会的代表团中，共有83个国家拿到了高山滑雪比赛的参赛资格，参赛比例超90%。其中，16名高山滑雪运动员成为该国（巴基斯坦、厄瓜多尔、印度、加纳等）冬奥会唯一参赛的运动员②。而本次冬奥会共计产生109枚金牌，其中，76枚都是由雪上项目产生的，高山滑雪项目更是占了11枚。高山滑雪比赛分为速度和技术项目两大类，速度项目分为滑降、超级大回转，技术项目分为大回转、回转两项。再加上滑降与回转合二为一的高山滑雪全能以及国家团队比赛，共计11个小项，比赛样式丰富。

在高山滑雪解说方面，平昌冬奥会央视高山滑雪全部解说工作由央视解说员洪钢一人完成。这也说明，分析平昌冬奥会央视高山滑雪解说样本从一定程度上而言也是对央视解说员洪钢的高山滑雪解说做话语分析。洪钢作为中央电视台的解说员兼主持人，除了完成2018年平昌冬奥会央视高山滑雪所有分项的解说工作，他还解说过很多冬奥项目，有着不少的经验，例如：2010温哥华冬奥会的冰壶项目，2014索契冬奥会的高山滑雪、单板滑雪、自由式滑雪项目，2018平昌冬奥会的跳台滑雪、短道速滑项目等。正如他在“冬奥者说”栏目中的回忆：“冬奥会项目中，除了冰球、雪车雪橇项目，其他的所有冬奥大项我都参与解说过。”洪钢解说有着一定的参考与借鉴意义。根据其平昌冬奥会高山滑雪样本解说特点，结合我国目前高山滑雪解说现状，为我国高山滑雪项目乃至雪上项目解说提出可行性建议。

① 新华社.冬奥会“旗舰项目”高山滑雪在中国为何受冷［EB/OL］.（2016-01-22）［2022-03-14］. https://sports.sina.cn/others/winter/2016-01-26/detail-ifxnuwfc9551970.d.html.

② 北京科技报.高山滑雪首金诞生！该项目为何被称极限运动中的“极限”？［EB/OL］.（2022-02-07）［2022-03-14］.https://mo.mbd.baidu.com/r/BQ3I2hio7K?f=cp&u=4b002dc85ab27558.

二、平昌冬奥会央视高山滑雪解说样本统计方法与结果

在语言学视角下的语用学范畴内，“语言”指的是语言内容，“副语言”指的是语言的伴生物，即附着在解说话语内容上面的语气、语调、节奏等。“语言”与“副语言”的搭配使用，能在解说员与观众之间建立一座良好的信息沟通桥梁。鉴于此，本章节从语言和副语言两个方面研究平昌冬奥会央视高山滑雪解说。通过解说的内容和语气来探究其中的规律。

央视网显示，2018年平昌冬奥会高山滑雪项目的解说总计32个视频，排除重复样本，共14个有效样本。采用抽样分析方法，抽取其中1、5、9、13四个样本，分别是男子高山滑雪全能赛—速降赛、女子超级大回转赛、男子回转赛第一轮和高山滑雪团体赛半决赛第一组：奥地利—挪威①。运用NVivo词频分析软件，对共计32522字进行数据分析，归纳平昌冬奥会央视高山滑雪解说特点。

（一）解说内容中“背景介绍”类词出现频率较高、占比大

将高山滑雪解说按照内容分类，可分为六个部分：比赛规则、运动员介绍、项目背景、现场描述、报告成绩、赛事分析，都是体育解说中不可或缺的要素。

词汇特别是高频词汇对主题有着明显的建构作用，比赛规则、运动员介绍和项目背景，都是可以预先准备好的内容，统称为“背景介绍”。在NVivo 11中，分别以二字符和三字符词频为最小单位做高频词统计，得出以下结果：

表1　利用NVivo 11软件，以“二字符”为最小单位的统计结果

排名	单词	计数	百分比
1	比赛	350	2.61%
2	选手	213	1.59%
3	当中	194	1.45%
4	项目	186	1.39%
5	一个	159	1.19%

① 2018年平昌冬奥会央视高山滑雪全能赛-降速赛解说［EB/OL］.（2018-02-13）［2022-02-07］.http：//2018.cctv.com/2018/02/13/VIDEgOrkEuXmWWihTg06zYMf180213.shtml.
2018年平昌冬奥会央视高山滑雪女子超级大回转赛解说［EB/OL］.（2018-02-17）［2022-02-07］.http：//2018.cctv.com/2018/02/17/VIDEkbYw9fLwpMIMOWmFiIxu180217.shtml.
2018年平昌冬奥会央视高山滑雪男子回转赛解说［EB/OL］.（2018-02-22）［2022-02-07］.http：//2018.cctv.com/2018/02/22/VIDEfHazR1VJulVWMYKu3GBU180222.shtml.
2018年平昌冬奥会央视高山滑雪团体赛半决赛第一组 奥地利-挪威解说［EB/OL］.（2018-02-04）［2022-02-07］.http：//2018.cctv.com/2018/02/24/VIDEkeHXwkLuRsyelFp5j0w5180224.shtml.

表1显示，“比赛”“选手”“当中”“项目”等词汇出现频率最高，而“奥地利”“瑞士”“法国”“意大利”“挪威”在词云图中也有所显示。基本上都是“背景介绍”类词。由于二字符的词汇总体上而言比三字符的词汇出现频率高，图2将“具有最小长度”设置为“3”，以便佐证研究。

表2　利用NVivo 11软件，以“三字符”为最小单位的统计结果

排名	单词	计数	百分比
1	运动员	157	1.17%
2	大回转	69	0.52%
3	奥地利	55	0.41%
4	奥运会	55	0.41%
5	世界杯	43	0.32%

表2显示，“运动员”“大回转”“奥运会”“世界杯”“奥地利”出现频率较高。其中，以“奥地利”为关键词查询，共计55个结果。由此可见，关于比赛规则、运动员介绍、项目背景的解说，在解说词中占据绝对优势。

同时，将高频词汇按照以上六个类别的分类标准做词义统计，在NVivo 11软件中，“最小字符设定为3”查找范围的前10个，“最小字符设定为2”查找范围的前30个，“最小字符设定为1”查找范围的前60个，这三个区间内排除类似于“都”“上”“最”这种模棱两可、界限不明的词，共选取最具代表性意义的40个词进行统计，分析解说结构。解说词的整体构成如下：

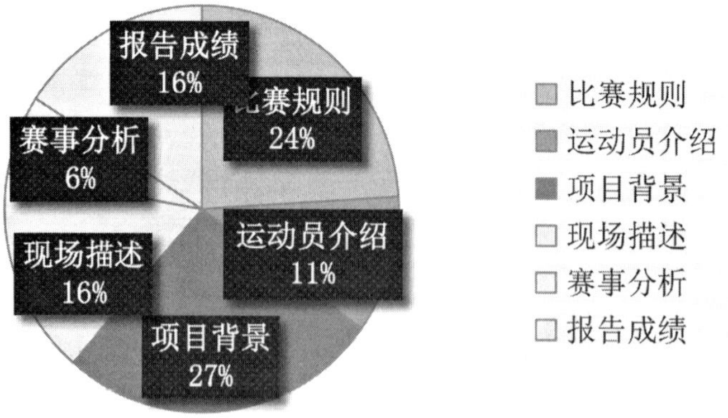

图1　平昌冬奥会央视高山滑雪解说词义统计（解说结构）

图1显示，在平昌冬奥会央视高山滑雪解说中，项目背景、规则介绍和运动员介绍占比达到62%，这也构成了该样本解说结构中最明显的特征。

（二）有解说的时间占据转播时长的88%

古代中国水墨画创作中讲究留白，于浓烈与清淡的交错搭配中，油然而生空灵清秀的中国画意境之美。中国传统哲学中也崇尚留白，“不着一字，却形神具备”，体现出留白的最高境界。体育解说，也应借鉴“留白”的艺术手法，体育解说中的“留白”是指解说员在转播过程中留出一定的空白时间，仅通过同期声或画面语言向受众传递信息①。

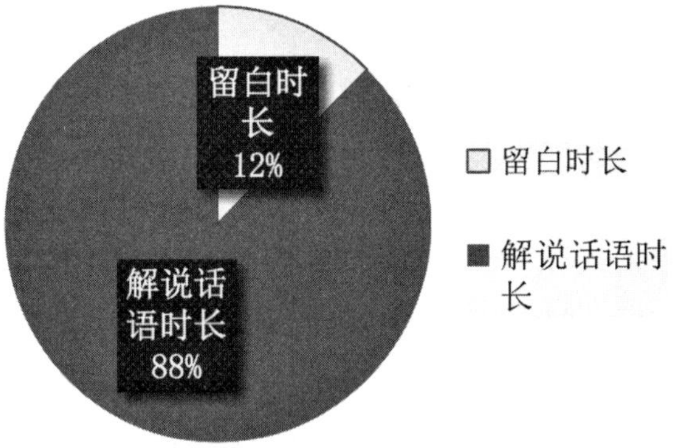

图2 平昌冬奥会央视高山滑雪解说话语时长统计

如图2所示，在四个视频样本中，随机抽取4个相同区间范围样本：2018年平昌冬奥会高山滑雪男子降速比赛（46分26秒）20：00—30：00区间，高山滑雪女子超级大回转决赛（40分24秒）20分—30分区间，高山滑雪男子回转决赛第一轮（53分42秒）20：00—30：00区间，高山滑雪团体半决赛（12分50秒）0：00—10：00区间。我们发现解说员洪钢在一共40分钟的解说中“留白”5分41秒，解说话语时长长达近35分钟，占到88%，他的话语几乎贯穿整场比赛。

（三）主要表达陈述语气的名词占比超过60%

词作为最小的能够独立运用的语言单位，对句式也产生着一定影响。根据词性，词可分为名词、动词、形容词、副词最主要的几类以及其他词性（对解说语言影响较小的词，比如数词、量词等实词及虚词）。从一定程度上而言，形容词、副词的使用，会使语言更富有激情和感染力，而动词的使用，则使现场感更强，动力十足。将上文选取的最具代表意义的40个词按以上分类标准进行高频词汇词性统计（范围上）。

① 魏伟.体育解说教程［M］.北京：人民体育出版社，2012：87.

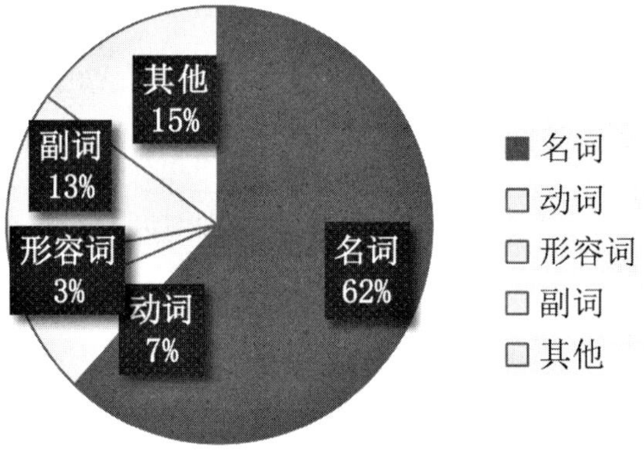

图3　平昌冬奥会央视高山滑雪解说词性统计

如图3显示，名词占比超过六成，而动词占比只有7%，说明样本解说的现场描述、运动员的动作抓取不够，而显示情绪的形容词、副词占比只有16%。

三、平昌冬奥会央视高山滑雪样本解说特点

根据国内学者王惠生的研究，同步说明、现场评论、背景介绍与空白在解说中的黄金比例大致为4∶2∶2∶2，所谓的“4∶2∶2∶2”黄金比例并不是刚性的，而是柔性、动态的①。但这一黄金比例有其存在的意义，能给人带来较高的听觉舒适度。本章节将以此黄金比例为基础，并分析国内外优秀解说员的解说样本，对比分析平昌冬奥会央视高山滑雪样本解说特点。

（一）注重知识普及，深入介绍相关背景

平昌冬奥会央视高山滑雪解说词样本中，词云图中突出显示的词汇：比赛、选手、当中、项目、一个、运动员、大回转、奥运会、世界杯、世锦赛……基本上都涉及了项目背景知识方面的介绍。我国观众对冰雪项目了解较少，因此解说员注重知识上的“扫盲”无可厚非。特别是对该项目优势国家的介绍，比如 “奥地利”为高词频统计结果。“就像德国、美国、挪威，他们的优秀顶尖选手都是以个体出现的，当然像奥地利，它可以群体出现。”这表明奥地利等国为高山滑雪项目的优势国家，洪钢在解说时都予以突出。同时，对该项目明星运动员成长故事的讲解，也是他解

① 魏伟.体育解说教程［M］.北京：人民体育出版社，2012：88-89.

说的重点之一，“没有足够几代的积累，运动员很难进入世界最顶尖水平”“卫拉特尔是一个来自高山滑雪传统家庭的选手，他的母亲就在1980年的时候代表列支敦士登夺得了奥运会奖牌，他的父亲也是一个奥地利的高山滑雪国家队的运动员”。体育解说中的“叙事”，虽短却有着独特魅力，拉近了观众与体育比赛的距离，显得温情脉脉，深入浅出，更易给人留下深刻印象。但是，“背景介绍”（比赛规则、项目背景、运动员介绍）这几部分总共占比达到62%，与我们上文提到的“4∶2∶2∶2”黄金比例中此部分占比为20%的结构相去甚远，也一定程度上影响了现场气氛的渲染和体育解说的专业性。

（二）现场描述内容不足

王惠生曾说，在体育解说中的背景介绍、同步说明、现场评论三者之间，应当特别重视同步说明，以同步说明为主①。按照黄金比例，这一部分所占比例达到了40%，可见它的重要性。同步说明主要包括成绩报告和现场描述。现场描述是同步说明中最为重要也是难度最高的部分，需要解说员懂专业、够敏锐、言语快速生成，是一个解说员业务能力的体现。本文选取的解说样本现场描述占比是16%，这个比例显然远低于同步说明40%的黄金比例。为了使研判更为客观，本小节选取了国内外两个滑雪项目解说样本作比较，一个是平昌冬奥会央视跳台滑雪项目解说（央视解说员陈滢），另一个是第三届冬季青年奥林匹克运动会高山滑雪男子大回转比赛解说的国外解说。②

我们随机选取了两场陈滢在平昌冬奥会跳台滑雪项目中的解说③，总计接近10000字解说词，进行词义统计。在“最小字符设定为3”查找范围的前10个、“最小字符设定为2”查找范围的前20个、“最小字符设定为1”查找范围的前30个，这三个区间内选取了20个最具代表性意义的词，排除类似于模棱两可、界限不明的词。得出以下结果（图4）：

---

① 王惠生.体育语言［M］.南京：江苏教育出版社，1999：86.

② 样本中未注明这位国外高山滑雪解说员的姓名。

③ 2018年平昌冬奥会央视跳台滑雪男子个人标准跳台赛资格赛解说［EB/OL］.（2018-02-08）［2022-01-03］.http：//2018.cctv.com/2018/02/08/VIDEwr5uKRWwCn48MZS4wfqY180208.shtml.
2018年平昌冬奥会央视跳台滑雪男子个人标准台决赛解说［EB/OL］.（2018-02-10）［2022-01-03］.http：//2018.cctv.com/2018/02/10/VIDEDBLUTQD0cN1k5vxk5QMb180210.shtml.

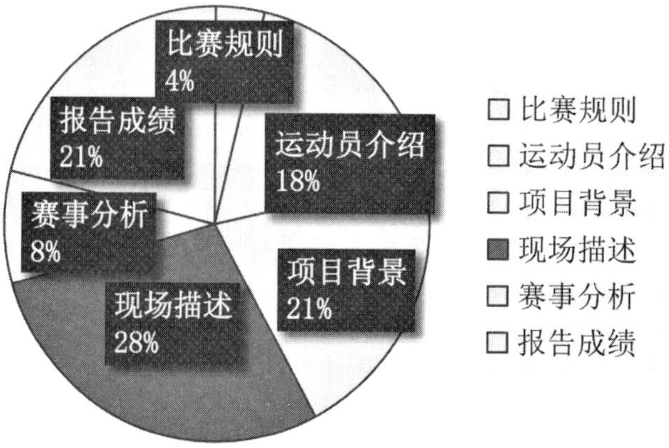

图4　平昌冬奥会央视跳台滑雪解说词义统计（解说结构）

此外，本文还选取了国外高山滑雪解说片段①，同样在NVivo 11统计高频词汇进行词义统计。统计最小字符设定为1后，所有出现频率在两次以上包括两次的单词，得出以下结果（图5）：

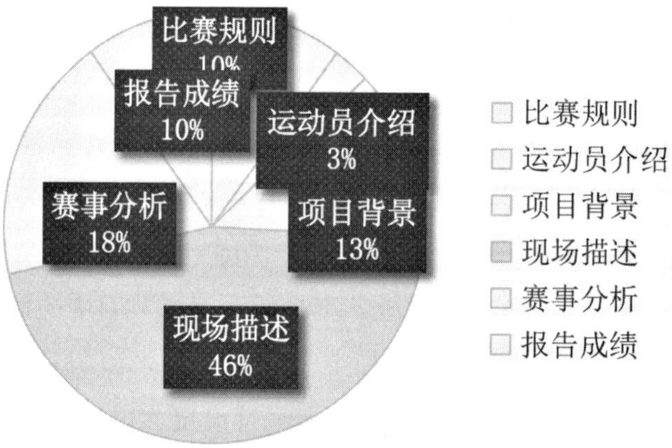

图5　国外高山滑雪解说样本词义统计（解说结构）

通过对比发现，洪钢的“现场描述”占比（16%）明显少于陈滢（28%）和国外解说员（46%），这更加说明了解说员洪钢注重知识普及的同时，一定程度上忽略了对现场的抓取，对即时画面的描述不够。

---

① 国外解说员第三届冬季青年奥林匹克运动会高山滑雪男子大回转比赛解说［EB/OL］.（2020-01-20）［2022-01-03］.https://www.bilibili.com/video/BV1v7411v7UD?share_source=copy_web.
国外解说员2020年洛桑冬季青年奥林匹克运动会女子高山滑雪大回转比赛解说［EB/OL］.（2020-01-10）［2022-01-03］.https://b23.tv/xYc08kD.

（三）“留白”时间较少

平昌冬奥会央视高山滑雪样本解说留白时间少，话语几乎贯穿整场比赛。黄金比例介绍中，最为舒服的留白时间应该是在20%左右，而解说员留白时间仅占12%。另外，笔者也对陈滢与国外解说员的留白时间进行了统计。随机抽取平昌冬奥会陈滢解说跳台滑雪男子个人标准台决赛（27分15秒）中10：00起至20：00区间内的解说样本进行统计，其留白时间足以达到4分钟，即占比40%，留白有些过大。而国外高山滑雪项目解说样本，采用同样的随机抽取方法，发现在10分钟内，留白时间达到110秒，这与黄金比例中留白时间占比20%有着最高的相似度，也许听起来最为舒适。

（四）语气语调平实流畅，缺乏激情

在上文央视解说样本词性统计中，名词占比62%，动词、形容词、副词的占比之和仅为23%。其中，很少有“非常”“好”等词，而这些恰恰是描述激烈赛场的词。由此来看，稳重平实、落落大方是洪钢高山滑雪解说的风格。而在国外解说员解说的词性统计中，如图6所示，动词、形容词、副词占比超过半数。其中，在统计样本68个单词范围内，“attack”“really”“little”这类动词、副词、形容词出现相对较多，共计37次，国外解说员热情似火，激情澎湃可见一斑。

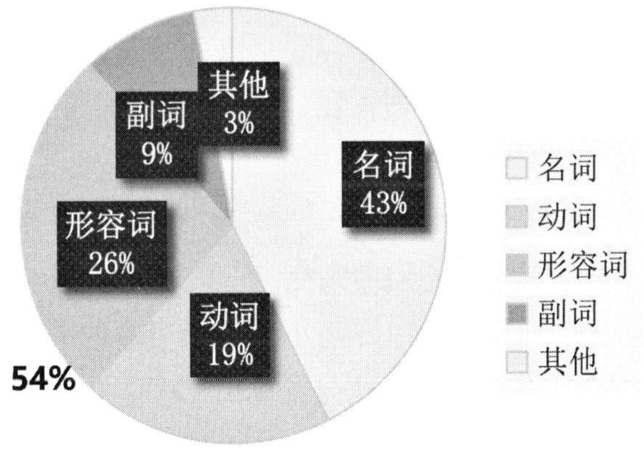

图6　国外高山滑雪解说样本词性统计

比如关于撞击旗门，央视的解说是：“在大回转比赛中，选手们在经过旗门杆的时候肩部撞旗门杆是一个非常完美的滑行路线，不会影响他们的速度。”而国外解说员就会说：“We expect to see him really attack the gates！”“Oh, running a little wide！”（“我们期待他撞击旗门！”“唉，滑得有点过头了！”）一般来说，高

山滑雪大回转比赛作为技术系列的比赛，用肩部撞击旗门杆是运动员选择的最佳滑行线路。洪钢倾向于介绍专业知识及其背景，而国外解说员侧重于描述运动员动作，期待为下一个精彩动作欢呼，也会对转弯路线的失误扼腕叹息。除此之外，国外解说员的“great to see him give us a smile”（很高兴看到他给了我们一个微笑），“he shakes his head”（他摇了摇头）等对运动员的情绪表现做即时描述，使解说充满了人情味，体育比赛的未经导演、真情流露之魅力正在于此。“US delegation watching on is disappointed to see perhaps……”（美国代表团失望地看到……）“the Swedish fans give him a warm reception in the finish area.”（瑞典的球迷们在终点热情地接待他！）“this Swiss fans are making some noise cheering across the line.”（瑞士球迷在终点线发出了欢呼声）表达了赛场外粉丝的疯狂与激动，给观众带来“沉浸式体验”的感觉。

梵迪克的话语分析法中提到，新闻的风格会受到新闻话语的主题的控制①。同样，在体育解说领域，解说的风格也会受到解说话语主题的控制。名词较多、使用陈述句相对较多的特点其实也是与央视解说样本“解说主题”注重背景知识介绍形成了相互呼应。

四、我国雪上项目解说提升建议

基于对国内外高山滑雪项目解说样本的统计与分析，我们从雪上项目的独特性、体育解说的一般规律和时代、民族特色几个角度提出以下建议。

（一）“冰与火的交融”，深刻体会雪上项目的独特魅力

雪场与田径赛场有着完全不同的气息，在雪上项目比赛中，一般来说，高山滑雪项目选手的最高速度可以达到140公里/小时，雪车项目的平均速度约为100公里/小时，最高可达160公里/小时，这些时速是夏季田径项目中达不到的。央视解说员张萌萌说：“最开始被速度感吸引，它的速度让人感到惊艳。”若是以解说员的角度去传递这种速度与激情，少不了的是解说员强烈的播讲欲望。

雪上项目是冒险、紧张刺激、勇敢的代名词，基于雪上项目与夏季奥运会项目的差异性，其室外赛场温度较低，解说员除了应具有极强的适应能力外，更需热爱冰雪运动，用热情感染观众。鉴于体育解说员拥有话语语境的优先权，解说员应设置

---

① 迪克.作为话语的新闻[M].北京：华夏出版社，2003：78.

激烈对抗、紧张刺激的语境，给观众带来快感并提高其对体育赛事的兴趣。美国学者保罗·科米斯等人的研究表明：激烈对抗的体育解说往往也会对观众欣赏比赛产生比较积极的影响。[①]这一点的应用在室外冰雪赛场环境中尤为重要，雪上项目解说员应全身心投入比赛，释放热情，带动观众，使解说与温度较低的室外环境形成鲜明对比，进行一场“冰”与“火”的碰撞。

（二）做好知识普及，讲好明星故事

相对于夏季项目，我国观众对雪上项目及运动员比较陌生。雪上项目解说员应适时进行深入浅出的背景介绍，以此减轻观众对比赛的困惑与不解。同时，穿插明星故事的讲述，让解说有血有肉。正如央视解说员杨健曾在平昌冬奥会“冬奥者说”栏目中说的，“首先你要喜欢巨星的故事”。

高山滑雪运动具有很大的偶然性，选手们之间的速度差都是以百分之一秒为单位计算的，其偶然性与变化多端也使世界杯积分前三十的运动员都有着冲击金牌的实力。加上雪上项目不似夏季奥运会的传统优势国家广泛，仅限于北欧、北美等地区。所以，解说员除了要对世界杯排名前三十的运动员们有着一定的了解外，还要深入了解奥地利、法国、瑞士、意大利、挪威等优势国家的雪上项目优秀的运动员，讲好体育明星的故事。

（三）解析画面赛况信息，即时播报比赛成绩

CBS体育台解说员凯文·哈兰曾说解说员需要反思的地方：“我是否让画面和图片变得有意义，以便让观众能更轻松地理解它们？”[②]国内解说员麦孜燕在世界高山滑雪锦标赛男子滑降项目解说时注重了对画面赛况信息的描述，她首先向观众描述：屏幕右侧会显示选手和排名第一选手之间的速度差，绿色减号代表速度更快，而红色加号代表速度更慢。这是非常有必要的。

除了播报画面赛况信息外，我们还需要注意些什么呢？关于橄榄球实况解说，美国福克斯体育主持人、解说员乔·巴克说：“播报比分，这是解说中的关键部分。”NBC橄榄球解说员马弗·阿尔伯特说：“我总是相信应该不停地播报比分。”“在电视中他们几乎每一次争抢时都会看到标示在屏幕中的前进和距离，但

① 魏伟.体育解说教程［M］.北京：人民体育出版社，2012：9-10.
② 海德里克.体育播音艺术——如何建立成功的职业生涯［M］.北京：中国广播电视出版社，2008：95.

是你仍然要播报这些信息。”[①]比分的播报在橄榄球比赛中至关重要，同样，对雪上项目的实时速度、与第一名选手的速度差的播报也同样重要。

麦克卢汉在《理解媒介》中有“冷热媒介”这样一个概念：“冷媒介”清晰度低，它提供的信息较少，需要人们更多地进行思考，因为它本身就是冷的。反之，“热媒介”本身是热的，不需要人们动用太多的理性思考，其携带的信息量大，是一种高清晰度的媒介。换句话说，热媒介在传播信息时，信息清晰度高、传播效果快，其特点在于减少观众对信息的再加工，使信息能够实现更为高效的传播。这一理论不仅适用于传统的冷热媒介的界定上，也适用于体育解说的领域之中。在体育解说中，解说员对画面赛况信息较为清晰的介绍、即时地播报比赛成绩能够实现传统意义上“热媒介”的传播效果，让观众不用将更多的注意力放在屏幕标识上，转而更好地观看比赛，更好地接收赛事信息。

（四）现场描述精准，技战术点评到位

战术运用的分析是解说的重要组成部分，而抓取现场细节是更好地进行技战术分析的基础。在2015年美国网球决赛中，CCTV体育解说员张盛通过抓取现场细节：比如德约压住费德勒的反拍动作、节奏变化、位置描述等，向观众做了大量的运动员战术意图、得失分分析。（如表3）

表3　张盛技战术、得失分分析[②]

	名称	细节描述
技战术分析	费德勒整套技术组合的战术运用	这球费德勒底线提速拉开了空挡，然后随球紧逼上网，逼迫对手被动起高球。
	德约·科维奇的发球战术运用	德约的一发进球率很高，每次发球都压制费德勒的反拍，外角或中路偏反拍位置。
得失分分析	德约得分原因分析	小德在整个底线战术当中，很重要的一点就是压住费德勒的反拍来寻找机会。
		德约突然带快了节奏，费德勒回球出浅，德约马上抓住直线机会。
		这一拍费德勒反拍切了半场球，德约此时关注度极高，抓住了机会。

---

① 海德里克.体育播音艺术——如何建立成功的职业生涯[M].北京：中国广播电视出版社，2008：90+96.

② 吴明放.主持传播学视角下我国网球电视解说研究[D].武汉：华中师范大学，2016：34-35.

相比于2018年平昌冬奥会央视高山滑雪滑降项目解说样本，洪钢对高山滑雪世界杯19/20赛季滑降项目比赛的解说现场描述更加精准，赛事分析更为到位。

像刚才中心调整幅度已经是很大了，一过来，山下脚踩空了，转这个弯儿完全靠山上脚，搓雪很严重。

转弯有点早，重心调得有点早，在进弯之前有点刹车的效果。在转播镜头中可以非常明显得看出来，他转弯中没有控制好线路，反映在时间上就比较明显了。

在滑降过程当中，一直保持刚才这样的姿势，把雪杖夹在腋下，把重心降得很低，躬身向前滑，这个时候速度是最快的，但这个时候你也很难保持平衡，因为双臂是紧贴躯干夹紧的。

雪上项目解说员应把运动员的技术动作表述出来，深入挖掘画面上的技术动作，不仅表现着解说员的专业雪上项目知识与能力，还能一定程度上满足那些具有求知欲望的观众，提高雪上项目比赛解说的专业性。

（五）节奏恰当，张弛有序

朱光潜先生说：“节奏是一切艺术的灵魂。”①“调整节奏”也是体育解说员的口头禅。美国福克斯体育主持人、解说员乔·巴克说：“不要每分钟都讲话，有时也可以用现场球迷的声音支撑画面。”CBS体育台解说员凯文·哈兰说：“要让画面充分呼吸。”②体育解说员要形成一种何时说、说多快以及说多少的直觉，这样才能张弛有序，引人入胜。

首先，对于解说员应何时说的问题，有两点较为重要：其一，解说话题随画面变动，这意味着解说员应做到声画对位，把控说话时机。比如洪钢在19/20赛季高山滑雪世界杯中穿插描述了运动员的服装，充满趣味性。“这是多尔施，他的雪裤设计非常好看，看上去像是设计师的灵感来自斑马身上的花纹。”其二，在比赛过程中，善于分析比赛形势，语言要紧紧贴合比赛气氛。当运动员完成一个精美的动作，滑出良好的比赛成绩时，解说员应结合画面中观众的欢呼声将比赛现场氛围烘托出来，同时可提高语速，更好地带动观众的情绪，让解说节奏延续连贯、收放自

① 刘长伟.体育解说中节奏把控的探索［D］.上海：上海体育学院，2020：9.
② 海德里克.体育播音艺术——如何建立成功的职业生涯［M］.北京：中国广播电视出版社，2008：95-96+149.

如、扣人心弦。

其次，关于“说多少”，美国著名解说员雷·斯科特曾说，体育解说“少言多益”，这如今已成为体育解说员一条普世的职业准则，这被称为“科斯特法则”。这一法则从人的视听需求出发，基本主旨是“简约致胜”，阐明了话语描述与留白的关系①。从“科斯特法则”出发，解说节奏不应过快，话语容量不应过大，解说员要注重把控有声语言的容量问题，②留出一定空白时间让观众欣赏比赛，这个比例大致是：空白时间占比赛时间的20%左右。而“简约制胜”一定意义上是说，解说话语要指向鲜明、简单明了。解说话语对画面起到足够的阐释和说明的作用即可，而不要不停地讲述规则与背景。同时我们建议，一场比赛的解说话语应合理分配，尽量避免话语量“前多后少”的现象，做到前半场与后半场有着近似一致的话语量。

（六）民族文化与奥运精神的交汇融合

奥运精神也称现代奥林匹克精神。奥林匹克运动的愿景，是通过体育将全人类团结在友谊与和平之中的。国际奥委会第七任主席萨马兰奇曾对奥林匹克运动做出初次构想：“我们所追求的理想，就是不分种族、宗教和政治信念，为了全人类的利益，让世人和平地团结在一起。”③2021年，百余年的奥林匹克格言“更高、更快、更强”中加入了“更团结”一词，以强调面对各种矛盾冲突和疫情时全世界团结的重大意义。④奥林匹克运动作为建设一个更美好世界的盛会，其使命和责任与习近平总书记于2015年9月第七十届联合国大会上提出的构建人类命运共同体概念不谋而合。当然，中华民族的文化除了 “天人合一”、和谐共处、命运共同体等精神外，还包括浩如烟海的美词佳句。解说员应将以上民族文化元素汇入冬奥体育解说中，形成良好的文化传播效应。

“高山滑雪是最能体现人与自然关系的项目，体现着中国传统文化‘天人合一’的思想。”洪钢阐述高山滑雪运动员豁达的心境时，他追溯中国传统文化历

---

① 魏伟.体育解说教程［M］.北京：人民体育出版社，2012：73.

② 高贵武.主持传播学概论（第二版）［M］.北京：北京大学，2019：215.

③ 光明网.人类命运共同体很好地概括了奥林匹克运动的使命［EB/OL］.（2022-01-26）［2022-03-14］.https：//news.gmw.cn/2022-01/26/content_35473007.htm.

④ 央视网.【央视快评】为奥林匹克运动和推动构建人类命运共同体作出新的更大贡献［EB/OL］.（2022-01-27）［2022-03-14］.https：//mbd.baidu.com/newspage/data/landingshare? context=%7B%22nid%22%3A%22news_9577535070050189452%22%7D&isBdboxFrom=1&pageType=1&rs=2066703193&ruk=ZuxgnlxwzlevfNOBpgAKng&urlext=%7B%22cuid%22%3A%22g8Sm8lu6-agKP-tg_82ei0Pz2f_Nu2iB_P248j8F28YQu2uPYuvPiY85Hal_tHPa601mA%22%7D.

史渊源，让观众感受到对于自然的敬畏与尊重，其实长久地存在于我们文化的深处。

“幸得识卿桃花面，从此阡陌多暖春。”“容颜如玉，身姿如松，翩若惊鸿，婉若游龙。”当年花样滑冰项目中陈滢在夸奖日本选手羽生结弦时的旁征博引，也显示出了中国的风范与文化，引来日本网友的盛赞。

习近平总书记强调，国际传播要向世界阐述推介更多具有中国特色、体现中国精神、蕴藏中国智慧的优秀文化。体育无国界，作为提升中国话语权的有力实践，2022年的北京冬奥会提供了一个世界文明互鉴的舞台，为中国带来和平对话与合作的宝贵机会。①对于中国来说，举办北京冬奥会不仅是彰显大国抗疫信心和底气、重新提振世界各国士气的重要方式，也具有最大程度讲好冬奥赛场上的中国故事这一部署优势。②③作为在此赛事传播链条中“关键一环”的解说员，应做好“意见领袖”，以融通中外的方式传播好中国声音，讲好冬奥赛场上的中国故事。

五、结论与讨论

总之，雪上项目解说应立足于雪上项目与夏季田径项目的不同特点，做好知识普及、明星故事讲述与现场描述、技战术分析巧妙结合。基于雪上项目比赛较少，本研究随机选取2018年平昌冬奥会央视高山滑雪项目洪钢的四场解说，仅仅代表平昌冬奥会央视高山滑雪解说样本特点，为发现问题并提出可行性建议。因选取的样本时间较早，并不能完全代表洪钢现在解说的特点。

后冬奥时代，我国雪上项目发展蒸蒸日上的同时，相信也将有大量雪上项目解说人才涌现出来。鉴于此，希望今后可以根据大量优秀的、有典型性、有代表意义的解说做历时性的观察，或分析一些更为精彩的雪上项目比如单板滑雪这种技术系列的解说，可以更细致、更具体地探索我国雪上项目解说的进步与发展趋势。雪上项目解说应具有专业性、竞技性、观赏性，任重道远。

---

① 孙振虎，欧阳赵岚.观念认同与文化交流：北京冬奥会对外传播的新思路［J］.对外传播，2021（11）：14-17.

② 范红，何佳雨.冬奥运动员形象塑造与“Z世代”体育传播研究——以新生代花样滑冰国际巨星羽生结弦为例［J］.对外传播，2021（12）：35-37.

③ 范红，周鑫慈.奥运会对国家形象的建构逻辑与整合策略——对北京2022年冬奥会国际传播的新思考［J］.对外传播，2021（11）：4-8.

参考文献

[1] 新华社.冬奥会“旗舰项目”高山滑雪在中国为何受冷［EB/OL］.（2016-01-22）［2022-03-14］. https：//sports.sina.cn/others/winter/2016-01-26/detail-ifxnuwfc9551970.d.html.

[2] 北京科技报.高山滑雪首金诞生！该项目为何被称极限运动中的“极限”？［EB/OL］.（2022-02-07）［2022-03-14］.https：//mo.mbd.baidu.com/r/BQ3I2hio7K?f=cp&u=4b002dc85ab27558.

[3] 央视网.2018年平昌冬奥会央视高山滑雪全能赛—降速赛解说［EB/OL］.（2018-02-13）［2022-02-07］.http：//2018.cctv.com/2018/02/13/VIDEgOrkEuXmWWihTg06zYMf180213.shtml.

[4] 央视网.2018年平昌冬奥会央视高山滑雪女子超级大回转赛解说［EB/OL］.（2018-02-17）［2022-02-07］.http：//2018.cctv.com/2018/02/17/VIDEkbYw9fLwpMIMOWmFiIxu180217.shtml.

[5] 央视网.2018年平昌冬奥会央视高山滑雪男子回转赛解说［EB/OL］.（2018-02-22）［2022-02-07］.http：//2018.cctv.com/2018/02/22/VIDEfHazR1VJulVWMYKu3GBU180222.shtml.

[6] 央视网.2018年平昌冬奥会央视高山滑雪团体赛半决赛第一组 奥地利—挪威解说［EB/OL］.（2018-02-04）［2022-02-07］.http：//2018.cctv.com/2018/02/24/VIDEkeHXwkLuRsyelFp5j0w5180224.shtml.

[7] 魏伟.体育解说教程［M］.北京：人民体育出版社，2012.

[8] 王惠生.体育语言［M］.南京：江苏教育出版社，1999.

[9] 央视网.2018年平昌冬奥会央视跳台滑雪男子个人标准跳台赛资格赛解说［EB/OL］.（2018-02-08）［2022-01-03］.http：//2018.cctv.com/2018/02/08/VIDEwr5uKRWwCn48MZS4wfqY180208.shtml.

[10] 央视网.2018年平昌冬奥会央视跳台滑雪男子个人标准台决赛解说［EB/OL］.（2018-02-10）［2022-01-03］.http：//2018.cctv.com/2018/02/10/VIDEDBLUTQD0cN1k5vxk5QMb180210.shtml.

[11] 央视网.国外解说员第三届冬季青年奥林匹克运动会高山滑雪男子大回转比赛解说［EB/OL］.（2020-01-20）［2022-01-03］.https：//www.bilibili.com/video/BV1v7411v7UD?

share_source=copy_web.

[12] 央视网.国外解说员2020年洛桑冬季青年奥林匹克运动会女子高山滑雪大回转比赛解说[EB/OL].(2020-01-10)[2022-01-03].https://b23.tv/xYc08kD.

[13] 迪克.作为话语的新闻[M].北京:华夏出版社,2003.

[14] 海德里克.体育播音艺术——如何建立成功的职业生涯[M].北京:中国广播电视出版社,2008.

[15] 吴明放.主持传播学视角下我国网球电视解说研究[D].武汉:华中师范大学,2016.

[16] 刘长伟.体育解说中节奏把控的探索[D].上海:上海体育学院,2020.

[17] 高贵武.主持传播学概论(第二版)[M].北京:北京大学,2019.

[18] 光明网.人类命运共同体很好地概括了奥林匹克运动的使命[EB/OL].(2022-01-26)[2022-03-14].https://news.gmw.cn/2022-01/26/content_35473007.htm.

[19] 央视网.【央视快评】为奥林匹克运动和推动构建人类命运共同体作出新的更大贡献[EB/OL].(2022-01-27)[2022-03-14].https://mbd.baidu.com/newspage/data/landingshare? context=%7B%22nid%22%3A%22news_9577535070050189452%22%7D&isBdboxFrom=1&pageType=1&rs=2066703193&ruk=ZuxgnlxwzlevfNOBpgAKng&urlext=%7B%22cuid%22%3A%22g8Sm8lu6-agKP-tg_82ei0Pz2f_Nu2iB_P248j8F28YQu2uPYuvPiY85Hal_tHPa601mA%22%7D.

[20] 孙振虎,欧阳赵岚.观念认同与文化交流:北京冬奥会对外传播的新思路[J].对外传播,2021(11).

[21] 范红,何佳雨.冬奥运动员形象塑造与"Z世代"体育传播研究——以新生代花样滑冰国际巨星羽生结弦为例[J].对外传播,2021(12).

[22] 范红,周鑫慈.奥运会对国家形象的建构逻辑与整合策略——对北京2022年冬奥会国际传播的新思考[J].对外传播,2021(11):4-8.

空间视角下的主持传播研究：背景、逻辑与路径

◎李　晶*

摘要：空间转向已经成为哲学与社会科学领域中一股不可忽视的力量，从而导致该领域研究思路、范式、方法的转换。主持传播研究也亟须空间视角的介入，以此拓展研究视野，摄入新的研究活力。以空间视角对主持传播研究进行阐释，需要从三方面入手：一是找到空间转向与主持传播研究的关联与问题；二是从空间与身体、空间与结构、空间与秩序三个维度揭示主持传播研究的核心逻辑；三是从批判性、制度性和建构性三方面找到其实现路径。

关键词：主持传播研究，空间转向，研究背景，核心逻辑，实现路径

主持传播研究是把传播学和播音主持艺术学进行关联，涉及主持传播活动实践的特征、动因、历史、主体、对象、环境、符号、策略等一系列问题，并进行多学科交叉的有机体系。自该研究体系建立以来，相关研究不断丰硕，研究质量不断提高，逐渐从“圈内业务探讨”转向“借助他山之石”，再回到研究本体，以此内外呼应，不断提升其理论价值和实践意义。但值得注意的是，该领域研究基本属于策略性探讨，是以时间为单位衡量传播效果，所以存在一定“空间缺席”的问题。20世纪70年代，在哲学社会科学领域出现空间转向（spatial turn）后，其随即成为各学科“时髦”的研究方向，也以此提升了空间视角的研究地位。若以空间研究为入口，对主持传播研究重新审视，也许会提供一些新的思路与线索。本文从研究背景、核心逻辑与实现路径三方面入手，试图以空间视角对主持传播研究进行初步探索。

一、空间转向与主持传播研究

空间转向是20世纪后半叶哲学与社会科学领域发展中的重大事件之一，标志着“时间压制空间”逐渐被“时间让位于空间”所取代，空间成为新的研究议题。当

* 李晶，传播学博士，现为北京体育大学新闻与传播学院讲师，硕士研究生导师，主要研究方向为主持传播、冰雪体育外交、学术期刊知识服务等。

空间转向渗透于各个学科和专业之中时，主持传播也不可避免地受到该风潮的影响。所以，探讨空间转向的缘起，以及空间与传播的关联，能够解决当前主持传播研究“空间缺席”的问题。

（一）空间转向的缘起

人类社会存在于时空之中，时间与空间是衡量人类生活的重要尺度。20世纪六七十时代之前，在哲学与社会科学领域，时间长期占据研究的主流地位，空间缺席导致该领域的研究思维与范式处于失衡状态。但在20世纪70年代，随着城市化进程的推进，在交通网络完善、信息技术发展等因素的催化下，哲学与社会科学研究开始呈现出空间转向——以空间作为理论支点，建构该领域研究的新范式，以及空间实践的新模式。这股思潮肇始于哲学，之后在地理学、社会学、政治学、文学、心理学等领域相继出现。

“空间转向”率先在法国兴起，以列斐伏尔和福柯为首。列斐伏尔打破了“物质—精神”的二元辩证法，提出了“空间—社会—历史”的三元辩证法，并以此为框架，提出了“空间生产”理论。他认为，“空间里弥漫着社会关系；它不仅被社会关系支持，也生产社会关系和被社会关系所生产”①。简言之，空间不仅具有自然属性，而且充斥着社会属性——人的主动性和目的性实践。在具体阐释中，他区分了空间实践（现实空间）、空间的表征（精神空间）、表征的空间（前两者复杂的融合）。简言之，他揭示了空间的本质——空间不仅是物理性容器，也是内嵌意识形态的符号体系。福柯同样以自己的方式构建了“空间—知识—权力”的辩证视角，阐释了空间中隐藏的权力与知识的关系，提出了“异托邦”的观点。在福柯看来，由于权力与知识互动的不均衡分布，从而导致异质性空间产生，并生产出不同的话语结构。

在列斐伏尔和福柯的推动下，空间研究如雨后春笋般涌现。戴维·哈维把空间与地理学相联系，旨在揭示空间的不平衡对资本积累与流动的重要作用，提出了“时空压缩”“时空修复”等概念，对资本主义再生产的本质进行批判。曼纽尔·卡斯特通过考察互联网技术对权力分配与都市社会的影响，提出了“流动的空间”。他认为，“空间是共享时间之社会实践的物质支持。流动空间乃是通过流动而运作的共享时间之社会实践的物质组织”②。流动的空间由物质、结构和管理阶层三个层次构成。爱德华·苏贾在前人的基础上，运用“他者”视角提出了“第三空

① 列斐伏尔.空间：社会产物与使用价值［M］//包亚明.现代性与空间的生产.上海：上海教育出版社，2003：48.

② 卡斯特.网络社会的崛起［M］.夏铸九，王志弘，译.北京：社会科学文献出版社，2001：505.

间”理论。他认为，第三空间源于对第一空间（现实空间）与第二空间（想象空间）的肯定性解构和启发性重构，“‘第三空间’的探索可被描述和刻写进通向‘真实和想象’地方的旅程”[①]。

从上述代表性学者的观点来看，以空间思维去审视社会及社会科学研究，最为重要的价值在于把空间从其一度被长期定义的物理属性中解放出来，展现空间中的各种社会关系、经验、矛盾等，正如苏贾所认为的，“空间在其本身也许是原始赋予的，但空间的组织和意义却是社会变化、社会转型和社会经验的产物”[②]。简言之，空间由社会建构而成——“空间不仅仅是一个生产的条件，更多是生产的过程和结果，就是所谓的空间实践和空间生产”[③]。也就是说，空间研究更加关注日常的个体生活与社会关系，是对以时间为轴心进行的历史宏大叙事的解构与补充，从而平衡了时空维度在哲学与社会科学中的地位。

（二）空间与传播的关联

空间与传播具有互构的意指。空间蕴含了各种传播关系与交流模式，因空间差异而导致传播方式的不同。同样，随着传播技术的进步，人类传播活动的范围也在不断拓宽，超越原有空间局限的诉求就愈加迫切。在最早探讨二者关系的研究中，要追溯到媒介环境学派的思想源流。哈罗德·伊尼斯被大家熟知的传播偏向理论是以媒介技术与其时空偏向的类型来考察媒介与文明之间的关系。伊尼斯在《传播的偏向》前言中写道，“历史并非疏而不漏的一张大网，历史由时空经纬编织而成”[④]。以时空为坐标，他把媒介分为两类：一类是“偏向时间的媒介”，像石板、黏土、羊皮纸耐久性强，易于保存，但不方便携带运输；一类是“偏向空间的媒介”，像莎草纸、纸张便于携带，但不易于保存。他进一步论述不同偏向的媒介决定了不同的社会制度，但二者并不能和谐共处，而是处于挑战与被挑战的“非平衡”关系。偏向时间的作为原始的就地取材的旧媒介必然受到偏向空间的作为日益符合人类发展需要而发明出的新媒介的挑战。对于伊尼斯而言，其希冀的社会制度应该是建立在媒介时空偏向平衡的基础上，他认为只有空间拓展与时间传承协调发展，知识才能在“去垄断化”中产生经得住考验的真理，成为人类文明进步的重要保证。

---

① 苏贾.第三空间——去往洛杉矶和其他真实和想象地方的旅程［M］.陆扬，等译.上海：上海教育出版社，2005：13.

② 苏贾.后现代地理学——重申批判社会理论中的空间［M］.王文斌，译.北京：商务印书馆，2004：121.

③ 强乃社.空间转向及其意义［J］.学习与探索，2011（3）：14-20.

④ 伊尼斯.传播的偏向［M］.何道宽，译.北京：中国人民大学出版社，2003：1.

约书亚·梅洛维茨从媒介构建的场景与个体行为变化切入，进而扩展至整个社会层面——“场景的组合改变了角色的行为模式并且改变了社会现实的构成”，[①]从而架构起场景—个体行为—社会三者的联系。在他看来，场景不仅是一个社会交往的场所，更重要的是作为一个信息系统而存在。现实社会中的墙、篱笆、走廊等区隔社会交往的数量、方式、类型、规模，让面对面的人际传播产生“感觉屏障”。现在由于电子媒介的介入，重构了曾经被分割的场景，把对于空间场所的影响转向对信息传播渠道的关注。这种观点，打破了现实空间与媒介传播的二分法，实现了场景的重构与融合。

尼尔·波兹曼论述了传播技术本身具有意识形态的偏向，从而建构了人们不同的生存空间，并且赋予其认识世界的不同方式。他崇尚印刷技术偏向理性的逻辑思维，批判电视偏向娱乐。他认为印刷术的发明挑战了中世纪以教会阶层，以及固若金汤的神学地位。印刷术自身的线性排版促进了严肃的公共话语，助力“阐释时代”的出现。而摄影术和电报催生的电子媒介，消解了理性与严谨的思维方式，转而步入以同步性和形象性为主导的“娱乐时代”。人们不再思索事件的原因、过程与结果，只是在声光效果构建的“伪语境”中被一种叫娱乐的意识形态所左右，以“只顾当下一时乐，莫问来处与前路”的即时满足感走向“娱乐至死”的危险境地。

从上述得知，空间与传播的关系随着传播技术发展与传播活动实践不断渗透到人们的日常生活中而得以塑造、演变、重构。可以说，从空间视角出发有助于开拓传播学领域的研究视野，深化其研究价值。

（三）主持传播研究中的“空间缺席”

主持传播是人际传播与大众传播关联的产物，是以传播学与播音主持艺术学为基础的跨学科的传播形态。中国人民大学新闻学院的高贵武教授在2007年出版了《主持传播学概论》一书，创造性地拓宽了传播学的研究视域，建构了主持传播的理论架构和实践形态。他认为，主持传播“实际上是大众传播人际化或者人际传播大众化的产物，是一种人际传播与大众传播之间的结合状态”[②]。同时他指出主持传播具有人格化、个性化、对象化、全息化、人际性等特点。之后，他在此领域继续深耕，在媒介环境变迁中指出“未来的主持传播在不断改变‘一家独大’格局的

① 梅洛维茨.消失的地域：电子媒介对社会行为的影响［M］.肖志军，译.北京：清华大学出版社，2002：5.

② 高贵武.主持传播学概论（第二版）［M］.北京：北京大学出版社，2019：5.

同时势必呈现新的‘群雄并起’的发展趋势”①。可以说，主持传播相关理念的提出，开阔了原本以“重实践、轻理论”的播音主持艺术领域的研究视野，把其引向理论与实践并重的新高度。

以此为起点，国内学者对主持传播的研究日渐丰硕，尤其是在媒介融合语境下主持传播的发展趋势。李飒认为，媒介融合背景下主持传播力的提升由主持人主体来实现，需要一系列角色的转型，例如主持人“从信息发布者到信息解读者的转型，从媒介代言人到观点平衡者的转型，从信息传递者到信息集成者的转型”②。王丽等人认为，在新时代语境下应该打造充满“正能量网红”主持人，“旨在强调主持人需要积极拓展网络传播阵地，通过聚拢粉丝，占据制高点，掌握充分的话语权，达到‘成风化人’‘凝心聚力’的作用”③。王宇探讨了新媒体语境下作为创作主体的播音员、主持人需要在个体形象、媒介形象和社会形象中进行多重形象建构，“在多维度的构建中形成了亲切可感而又值得敬重的人格化形象，亦为主持人的人格化传播奠定了坚实的根基。”④

从上述关于主持传播的研究来看，基本是以传媒环境为背景阐释传播主体的守正创新，以满足受众/用户的需求。简言之，上述研究是沿着媒介技术变迁的时间向度，在“变”与“不变”的“扬弃”过程中提升传播效果。也就是说，当前主持传播研究存在着“以时间战胜空间”的“空间缺席”问题。空间话语与空间意识的缺失，将限制主持传播领域的解释力。特别是在新媒体技术催生的信息空间、视频空间、赛博空间中，空间生产主体从PGC（专业化内容生产）到UGC（用户内容生产），与PUGC（用户专业性内容生产）并存，再到DGC（数据驱动内容生产）的嵌入，空间结构从大众传播时代中心到边缘、自上而下式转向去中心化的节点式，空间秩序在平台与用户的互动中形成一种权力分配。由此看来，“空间在场”是主持传播研究中不可忽视的重要环节，有助于弥补当前研究的不足，也为其未来发展提供新的学术增长点。

二、空间视角下主持传播研究的核心逻辑

空间视角下的主持传播研究是指把空间研究的相关方面引入主持传播领域，

① 高贵武，刘娟.新媒体环境下的主持传播格局演变［J］.国际新闻界，2016，38（3）：6-19.
② 李飒.媒介融合背景下提升主持传播力的策略［J］.中国广播电视学刊，2011（10）：64-65.
③ 王丽，鲁颖，黄海燕.主持传播网络正能量引导策略研究［J］.中国出版，2018（17）：59-62.
④ 王宇.新时代语境下主持传播的创新空间阐释［J］.中国广播电视学刊，2019（8）：83-87.

以空间思维和视角审视主持传播。身体、结构和秩序是空间研究的三个重要维度，身体弥漫在空间中，构成了相应的结构，进而形成了一定秩序。通过这三个方面对主持传播多元主体、多种关系和多重权力进行论述，进而找到空间视角下主持传播研究的核心逻辑。

（一）空间与身体：主持传播空间的多元主体建构

空间生产不仅包括空间中的内容生产，还有空间本身的生产。其中，身体是不可或缺的话题。身体是人存在于社会的基本形态，其依赖于空间建构而生成。梅洛·庞蒂提出了“身体图式”的理论范畴，即“一种表示我的身体在世界上存在的方式”[①]。在他看来，身体是肉体与感知的集合体，是具有一定“处境”空间性的单元。也就是说，身体与空间进行互动，并在特定空间内生成。列斐伏尔更进一步，不仅认为空间与身体存在着互构关系，还认为身体是与空间进行互动的一台使用能量的机器。他认为，“掌控能量的身体，创造或生产了属于自己的空间；反过来，空间的法则，即在空间中发生区分的法则，也控制着身体对其能量的使用”[②]。也就是说，身体不是固化地占据一定空间位置，而是在流动与变迁中施展能量与空间进行对话。列斐伏尔进一步根据身体的耗费原则，指出人渴望在空间投入最小能量并能够获取最大收益。主持传播构建的空间，是影响身体寄居的场所。反之，身体施展能量，发挥不同类型的话语实践，生产出不同的主持传播空间以影响身体活动，完成身体与空间的相互渗透。进一步讲，主持传播主体以“情感为主，肢体为辅”为身体能量输出原则，以获取较高收视率或粉丝数量。

当前，随着媒介技术的发展与下沉，主播传播空间的身体大概分成三类。

第一，职业化身体与演播空间实践。职业化身体是在传统媒体机构或新媒体平台中从事播音主持工作的人员的存在样态。职业化身体的空间实践是通过其对新闻传播业务的专业能力，释放符合新闻、生活、体育、综艺、影视等领域的话语能量，并对其外在包装（发型、妆容、服饰等）和主持风格、形式来匹配不同的演播空间，从而完成空间中的内容生产。同时，职业化身体也在建构演播空间本身。其在空间生产中体现的情感能量，超越了空间物质性的一面，以其精神性赋予节目空间的文化性质。例如在奥林匹克频道播出的《艺术里的奥林匹克》节目中，主持人在妆容、气质、语言等方面与文化精品类节目的演播空间特点（现代感和知识性）

---

① 庞蒂.知觉现象学[M].姜志辉，译.北京：商务印书馆，2001：138.
② LEFEBVRE H.The Production of Space[M].MA：Blackwell Publishing，1991：170.

相契合，同时通过对话的互动形式，以语言的补偿性功能对体育艺术品进行深入评析，赋予充满科技感和立体感的演播空间厚重的人文色彩，有助于为观众深度揭示奥林匹克“力与美”的文化与哲学内涵。

第二，草根型身体与第三空间实践[①]。互联网技术的介入打破了传统大众媒体的话语垄断，使主持传播进入了人人拥有摄像机和麦克风的阶段。这一阶段催生了主持传播空间的新的身体形态——草根型身体。草根型身体实践是指广播员、主持人其在咖啡厅、美食街、景点、宅院、事件发生现场等（现实空间）进行身体表演，并通过主观的创作意识和想象（精神空间），利用便捷的技术操作生产、剪辑、合成、上传一个个以日常生活为核心的微观叙事空间（第三空间）。需要说明的是，草根型身体实践与空间生产，大多是基于“流量”和“变现”的诱惑，是利用被表征的空间激发共有的情感能量，从而凸显身体的商品化特性。

第三，智能技术再造身体与赛博空间实践。智能技术再造身体是人工智能技术加载到主持传播空间中对传播主体的革新与进化，是基于真人主体的语言、声音、动作、表情等数据构建的模型。例如在2018年，搜狗与新华社联合发布的全球首个全仿真智能AI主播，“既是一种具有自然生物特性的‘身体’，又是一种具有社会互动要求的‘身体’，这突出表现为‘人格化’与‘人际化’两种重要内核”[②]。赛博空间是为用户带来沉浸感的虚拟实在系统，是“一种基于数字化信息流动和存储之上的生长性的人的意向空间和文化交往空间”[③]。智能再造身体实践是以替代性为目标，在现实与想象混融的赛博空间中，尽可能还原人际传播中的交流互动，从而完成信息与情感生产。可穿戴设备的兴起，以及电子竞技的拟真性质，使主体身份、生活虚拟化，暂时解除了现实时空的障碍，促进信息传播的连续性被打破，让节点的跳跃感产生了交流的可控和可逆。甚至可以说，赛博空间正在从人们生活的重要舞台转为主要舞台。

随着媒介技术的不断演进，可以预见，未来这三种身体形态将会长期在主持传播空间中并存，并且不断交互促进。专业化身体如何在媒介融合的大潮下进行空间生产，主持人的形象与话语的语境转换如何在合理范围内实现，以更加适应受众/用户的碎片化生存；草根型身体如何摒弃粗制滥造，其情感能量施展与空间边界

---

① 所谓第三空间，如前文所述，爱德华·苏贾把空间分为三种，实际的生存空间为现实空间，人的主观能动意识和想象为精神空间，这二者的融合为第三空间。

② 薛翔，杨航.新技术实践中的“身体”：理解主持传播的智能主体［J］.新闻爱好者，2020（7）：59-62.

③ 周旭.理解赛博空间：从媒介进化论到虚拟生存［J］.学习与实践，2018（9）：119-125.

的互动如何被定义；智能再造身体如何实现从语音模拟到情感互动的功能升级，最终达到人机协同，以及赛博空间中实践的风险等，这些问题都是值得进一步思考与耕耘的议题。

（二）空间与结构：主持传播空间的多重关系交织

社会互动与行为实践需要在一定的空间边界内进行，从而形成各具特色的社会关系。安东尼·吉登斯认为，“空间不是一个空虚的向度，沿着这一向度，各种社会群体获得了结构，但必须从其介入于互动体系构建的角度来加以考虑”[①]。他将时空关系与社会行为的结构特征进行分析，发现二者互动生发出不同的社会关系。在前现代性社会，受空间的物理性区隔影响，面对面的人际交流产生了以血缘、宗教等为判定标准的亲疏关系；而在现代性社会，技术演进使信息远距离传播成为可能，空间边界被打破，带来时间共享。简言之，“时空分离”与“时空重组”导致社会结构的解构与重塑。按照吉登斯的说法，在主持传播空间中，传播技术造就了时空分离，产生“脱域”现象，影响甚至瓦解原本处于现实空间较为稳定的社会结构，进而在虚拟空间中重组并生发出多重复杂的关系链链条。

目前主持传播空间塑造的关系主要有三种。第一，信息传递—接收式关系。这是主持传播空间中的传统关系。在大众传播语境下，信息由专业化媒介组织进行采编、制作，由专业化播音员主持人以节目形式进行传播，受众通过视听设备（收音机或电视）进行接收，从而形成了“中心—边缘”的空间传播结构。在信息传递端，节目与播音员主持人本身，化约成权威空间与符号，在编码与解码的转换中发挥引领作用。在信息接收端，受众由于受媒介选择的限制，只能较为被动地卷入权威空间，为自身所处的地方空间实践进行指导。

第二，多中心—节点式关系。随着互联网与移动技术的结合，传统的信息媒介转向平台媒介，原先集中的话语权力得到稀释，传统的传受关系边界消弭，受众被用户所替代，形成了较为扁平化的空间传播结构。在用户生产的一个个差异化空间中，话题发起往往呈现去中心化特点。原本代表社会关系的等级制度被网络化节点所取代，每个用户都作为媒介使用与发布的“话语中心”而存在，都可以在自己建构的空间内进行情感传导与聚合，收获属于自己的观众，以此满足其“主播梦”。简言之，移动传播语境下的主持传播空间是媒介“建构了一个社会个体表现、传播、

① 苏贾.后现代地理学——重申批判社会理论中的空间［M］.王文斌，译.北京：商务印书馆，2004：236.

行动和由此获得承认的舞台”[①]。

第三，商品/服务售卖—消费式关系。平台催生了流量社会，其内涵是“信息流动不只是组织和生产中的一个要素，而是支配了经济、政治与象征生活之全部过程”[②]。在流量社会里，关系连接不仅影响信息在空间传递的方式，还催生了基于商品/服务—消费式关系的注意力经济，从而形成以主播为核心，以同质化的态度情感为表征的“圈层”结构。例如直播带货是以直播间作为线上买卖空间，以身体表演与情感互动为营销手段，以获取粉丝让渡一定的商品/服务试用权建立信任关系，促使消费行为产生。

这三种关系在主持传播空间中交织互动，并不断进行自我更新。信息传递—接收式关系如何转变，以适应媒介融合语境下的传受关系，以及这种新型关系与既有的传媒制度如何调试？多中心—节点式关系日益常态化，但内容的碎片生产导致“后真相”产生，那么未来主持传播空间中的“真相”如何在“后真相”语境中浮现？商品/服务售卖—消费式关系如何在消费狂欢中平衡空间、数据与身体异化的关系，以及其如何牵手责任以呈现更大的社会价值？同时，这三种关系互动对社会结构的影响出口在哪里，是否还会产生新的结构与关系？这些也许是需要不断深入的方向。

（三）空间与秩序：主持传播空间的多种权力博弈

空间与秩序的关联是空间权力分配的必然结果，而空间权力分配则是空间生产的逻辑取向。从更深层次讲，空间秩序的形成是空间生产实践主体对空间占有、控制、互动中的权力施展的产物。在福柯看来，权力生产知识的过程是以一定空间为前提，“正是通过建构起一个特定的空间，权力和知识才可能作为一个关系的整体去建构身体”[③]。进而他把对空间的论述与微观权力技术相连，认为不同场所构成的空间具有异质性，并不是虚空的容器，必须要结合人们日常的空间实践来观察权力的实施。至于空间中权力实施的方向，福柯给出了明确的答案——“规训”。他认为，“‘规训’既不会等同于一种体制也不会等同于一种机构。它是一种权力类型，一种行使权力的轨道”[④]。这是一种可调节、转换的灵活控制，通过环形监狱的全景敞视功能来实现。由此可见，空间的权力实施细微而隐蔽。但福柯过于悲观的

① 夏瓦.文化与社会的媒介化［M］.刘君，等译.上海：复旦大学出版社，2020：152.
② 刘威，王碧晨.流量社会：一种新的社会结构形态［J］.浙江社会科学，2021（8）：71-83+158-159.
③ 郑震.空间：一个社会学的概念［J］.社会学研究，2010，25（5）：167-191+245.
④ 福柯.规训与惩罚：监狱的诞生［M］.刘北成，杨远婴，译.北京：三联书店，2019：232.

是，他只是论述了权力在空间中对民众身体的规训，而忽视普通民众的反抗效力。在主持传播空间中，既有媒介资本所有者发挥权力的微观控制，也有主持人/网红作为被围观者的自我规训，还有作为围观者的受众/用户的反制。

首先，资本所有者实施权力生产知识，以内容生产聚合民意，从而引领舆论方向。在这一过程中，权力的微观作用机制其实是媒介不断进行的议程设置，导致全球与地方，地方与地方相连，在受众/用户的头脑中植入作为他者的空间，取得其对媒体与平台的信任与认同，从而完成资本的再生产。于是，权力“在生活存在的无形和细微的权力着落角点中更深地支配”①，最终实现对受众/用户的规训。其次，主持人/网红作为“被看”对象，也作为资本所有者实施权力的“呈现者”，为取得良好的“示众”效果与信息传播效应，必须进行自我规训。这个过程包括容貌、身材、主持风格与节目类型的匹配，语言规范的训练，妆容与服饰的搭配，才艺的提升等，并且在日后的考评中查漏补缺，不断提升自身素质。同时，其作为传播主体，也释放出一定的中介性权力——在自我呈现中发挥主观能动作用（例如参与节目策划，设置适合网络直播的场景，即兴口语表达等），以及在信息传播中对受众/用户表露自我情感，引发共情。最后，受众/用户对技术赋权的想象，激发了围观的冲动，通过对热线、留言、评价等反馈手段的运用，进行空间的反向生产，从而对资本所有者进行反制。也有学者认为这种反制效果欠佳，“这种‘控制’是微弱的，一旦遭遇后台的操控技术，这种‘控制’将受到极大的削弱”②。

主持传播空间中多种权力并存和竞争，“谁规训了谁”成为“权力实施—反抗各方”的动力。如果更进一步的话，媒介技术带来的表象赋权与实质规训到底该如何判定，智能主体对权力实施的机制与效果，受众/用户的话语反抗效果如何测量等，这些都会成为主持传播空间与权力互动研究的重要议题，也对构建清朗的主持传播空间秩序呈现出一定的理论和实践价值。

三、空间视角下主持转播研究的实现路径

以空间视角看待主持传播研究，可以看出媒介技术对主持传播的深刻影响，因此需要找到出口以落实到具体研究路径中。简言之，空间视角下的主持传播与用户的媒介化生存息息相关。所以，从批判性、制度性、建构性路径入手，旨在为主持传

---

① 张一兵.资本主义：全景敞视主义的治安—规训社会——福柯《规训与惩罚》解读［J］.中国高校社会科学，2013（7）：27.

② 肖荣春.新媒体语境下传播活动的“空间转向”［J］.国际新闻界，2014，36（2）：77-89.

播研究提供一些建设性思路。

（一）批判性路径

空间研究本质上是以西方马克思主义为基础的一种激进的批判性思考，是对现代性的批判性反思。列斐伏尔阐述空间具有意识形态性；福柯认为异质空间与权力的关联；吉登斯将时空与社会结构相连；哈维揭示空间与资本主义再生产的内在关系等；珊克斯挖掘空间中种族、女性与文化等因素，这一系列研究都以时间批判为蓝底，从而提升空间在哲学与社会科学研究领域的地位。

随着传播技术准入门槛的拉低，乐观者认为全民主播的时代已经到来。技术对用户的赋权和增权，形成去中心化和多中心化的媒介空间。但是，全民在主持传播空间中狂欢之强烈，是不是在硬币的另一面意味着存在全民规训的隐喻？这种看似扁平化的传播模式是否隐含着权力的意涵？当围观成为满足用户心理需要的日常生活方式时，其会“进一步拓展边沁‘圆形监狱’，对整个社会产生规训效力的核心所在——不仅处于视觉中心的人被监视，而且所有人都能够相互监视；不仅被围观者受到了权力的规训，而且围观者们也通过巨大的‘社会之镜’受到了全民规训”[①]。例如，直播带货是传播技术发展到一定程度的产物，在新冠疫情的催化下成为用户愈加青睐的购物方式，也成就了一些作为关键意见领袖的明星主播。他们作为被围观的中心，以专业性和个性化来调动消费诱惑，以规训围观者的购物理念和方向。反之，由于“反向全景敞视”作用的存在，带货主播的言行也受到规训，以维护人设。同时，作为连接主播与用户的平台，其技术导向和权力施展是发出规训指令的源头之一。可以说，主播与用户的互动空间在更深层次上也是一个权力与技术互动的空间。所以说，主持传播研究以空间批判、生产方式、权力施展三者关联为基础，能够开掘多个新的批判性研究课题。若以此为入口，主持传播空间的非中立性将被揭开。进一步深入来看，若把其空间生产与权力、性别、文化批判、身体异化、结构的“伪扁平化”、消费社会等相联系，将能够挖掘出一大批具体而有价值的批判性研究。

（二）制度性路径

詹姆逊认为，“后现代主义是关于空间的，现代主义是关于时间的”[②]。也就是

---

① 李晓蔚.“权力的眼睛”：全景敞视主义视域下的网络围观［J］.国际新闻界，2015，37（9）：70-79.

② 詹姆逊.后现代主义与文化理论［M］.唐小兵，译.北京：北京大学出版社，1997：243.

说，空间研究意味着对以时间维度构建的制度的全面反思。主持传播研究，一直以来都是以时间为研究维度，以受众分析、民意检测、营销手段、效果测量为研究导向，以策略性为研究结论的落脚点。如果从空间视角进入，会发现媒介渗透进现实空间，模糊了现实与虚拟的边界，同时媒介机构利用其强大的符号资源分配能力与既有的社会制度进行互动，重塑适合空间生产的内容规则。

当前，用户时间的碎片化导致整体化深入阅读的瓦解，从而使短视频能够风靡。短视频既满足了用户时间的碎片化使用，也迎合了多样化、异质性的空间特征。短视频空间生产平台作为半独立的机构构建了一种虚拟制度，将特定的制度秩序高度嵌入社会与文化领域，与其他制度展开互动。例如，短视频空间生产的规则对国家机构信息发布制度形成某种“压力”，后者需要以媒介空间的逻辑进行制度调整，以适应前者对用户需要的满足。正如夏瓦认为，“一个制度以虚拟的形式存在于另一个制度之中，这产生了制度逻辑的重叠；而后者将引发不同形式的变迁”[①]。《主播说联播》是制度性路径实践的表率。该系列短视频是媒介融合语境下由中央广播电视总台打造的“爆款”节目，从短视频空间生产的规则逻辑入手，以民生热点题材为主，通过接地气的话语形态与身体姿态来适应短视频的制作形式。可以说，该空间生产实践证明中央级媒体权威信息发布制度的调整：以“短”契合时间切片，以多元媒体传播（抖音、央视频公众号等）保证空间拓展，以百姓喜闻乐见的事件和亲民的话语结构满足短视频平台机构的内容传播的规则逻辑。所以，制度性路径关联了传统媒介与新媒体空间生产的逻辑转换，其背后隐含了媒介制度与其他制度互动的深刻内涵。

（三）建构性路径

空间研究强调空间的建构性，而非仅仅揭示其自然而成的物质性。空间的建构性既重申了人的主观意识，又转向了在微观层面中日常社会关系与空间生产的互构。这就为主持传播研究提供了一个重要思路：媒介、用户、空间三者的互动，社会关系的解构与重塑该如何考量。新媒体技术的普及应用拓展了主持传播的空间面向，用户在技术操作中获得了空间生产者与围观者的双重身份。所以，媒介是建构主持传播空间的中坚力量。按照库尔德里和海普的说法，“关注交往建构的现实是如何在特定的媒介进程中展开的，同时，特定媒介的某些具体属性如何对于社会现

① 夏瓦，刘君，范伊馨.媒介化：社会变迁中媒介的角色[J].山西大学学报（哲学社会科学版），2015，38（5）：59-69.

实的建构过程产生情境化（ contextualized） 的‘影响’”[①]。简言之，媒介作为一种社会情景影响了个体在主持传播空间建构的认知结构与行为动向，从而导致新的社会关系生成。同时，主持传播空间建构强调社会个体在媒介使用方面的主动性，如何把媒介技术“驯化”（domestication）至日常工作与生活中，也成为建构性路径的重要研究旨趣。

在智能传播的语境下，主持传播空间以场景塑造为呈现方式。场景塑造通过主持传播主体的人格化或人际性进行策划与搭建，构建一个个符合用户需要的空间。同时，辅以前台表演与后台的适度开放，实现空间共享来连接用户的现实空间。如此一来，现实空间流入虚拟空间，虚拟空间向现实空间延伸，进而完成场景套嵌与空间融合，为社会关系注入新的内涵——它可能连接了有共同兴趣爱好的陌生的“熟人”，也可能疏远了“老死不相往来”的熟悉的“陌生人”。简言之，主持传播空间“成为社会的‘毛细血管’，它们让社会的‘末端’彼此相连，并构成了自己的‘微循环’”[②]。现实空间的区隔在虚拟空间完成整合，进而连接各方用户。例如定位系统的普及，让主持传播空间不仅成为用户了解信息的场所，同时还以场景定位帮助用户锁定内容生产空间的位置，完成信息精准适配。从这个角度说，场景为主持传播空间提供了空间延伸、时间共享、社会关系再造的研究维度，为主持传播研究提供了一条重要路径。

四、结语

人类存在与活动实践以时空为基本向度，所以不应忽视空间维度的影响。空间转向是伴随着后现代性话语产生的批判性视角，为哲学与社会科学领域注入新鲜的研究活力。主持传播研究是伴随着主持传播活动的产生、兴起与变迁而不断发展的，并且随着智能传播的常态化，越来越成为跨科学领域的重要形态。这种形态中的身体呈现、空间结构、秩序建构，都需要引入空间研究进行阐释。所以，空间研究与主持传播研究密不可分。本文对主持传播研究进行梳理，发现存在“空间失语”问题，以此为研究创新提供了动力。于是，从空间与身体、结构与秩序的关联来考量主持传播传播空间中多元主体、多重关系和多种权力，试图找到主持传播研

① 戴宇辰.媒介化研究：一种新的传播研究范式［J］.安徽大学学报（哲学社会科学版），2018，42（2）：147-156.

② 彭兰.新媒体用户研究：节点化、媒介化、赛博化的人［M］.北京：中国人民大学出版社，2020：289.

究空间转向的核心逻辑。最终落脚至研究路径上，以空间批判实现对主持传播空间中政治、经济、文化、社会等因素的批判性反思；以空间制度实现对主持传播空间中制度互动的揭示；以空间建构实现对主持传播空间中社会关系再造的思考。本研究只是做了“抛砖引玉”的工作，在一些具体化的议题讨论中，还需要日后做进一步的深入探索。

参考文献

[1] 列斐伏尔.空间：社会产物与使用价值[M]//包亚明.现代性与空间的生产.上海：上海教育出版社，2003.

[2] 卡斯特.网络社会的崛起[M].夏铸九，王志弘，译.北京：社会科学文献出版社，2001.

[3] 苏贾.第三空间——去往洛杉矶和其他真实和想象地方的旅程[M].陆扬，等译.上海：上海教育出版社，2005.

[4] 苏贾.后现代地理学——重申批判社会理论中的空间[M].王文斌，译.北京：商务印书馆，2004.

[5] 强乃社.空间转向及其意义[J].学习与探索，2011(3).

[6] 伊尼斯.传播的偏向[M].何道宽，译.北京：中国人民大学出版社，2003.

[7] 梅洛维茨.消失的地域：电子媒介对社会行为的影响[M].肖志军，译.北京：清华大学出版社，2002.

[8] 高贵武.主持传播学概论（第二版）[M].北京：北京大学出版社，2019.

[9] 高贵武，刘娟.新媒体环境下的主持传播格局演变[J].国际新闻界，2016，38(3).

[10] 李飒.媒介融合背景下提升主持传播力的策略[J].中国广播电视学刊，2011(10).

[11] 王丽，鲁颖，黄海燕.主持传播网络正能量引导策略研究[J].中国出版，2018(17).

[12] 王宇.新时代语境下主持传播的创新空间阐释[J].中国广播电视学刊，2019(8).

[13] 庞蒂.知觉现象学[M].姜志辉，译.北京：商务印书馆，2001.

[14] LEFEBVRE H.The Production of Space[M].MA：Blackwell Publishing，1991.

[15] 薛翔，杨航.新技术实践中的“身体”：理解主持传播的智能主体[J].新闻爱好者，2020(7).

[16] 周旭.理解赛博空间：从媒介进化论到虚拟生存[J].学习与实践，2018(9).

[17] 苏贾.后现代地理学——重申批判社会理论中的空间[M].王文斌，译.北京：商务印书馆，2004.

［18］夏瓦.文化与社会的媒介化［M］.刘君，等译.上海：复旦大学出版社，2020.

［19］刘威，王碧晨.流量社会：一种新的社会结构形态［J］.浙江社会科学，2021（8）.

［20］郑震.空间：一个社会学的概念［J］.社会学研究，2010，25（5）.

［21］福柯.规训与惩罚：监狱的诞生［M］.刘北成，杨远婴，译.北京：三联书店，2019.

［22］张一兵.资本主义：全景敞视主义的治安—规训社会——福柯《规训与惩罚》解读［J］.中国高校社会科学，2013（7）.

［23］肖荣春.新媒体语境下传播活动的“空间转向”［J］.国际新闻界，2014，36（2）.

［24］李晓蔚.“权力的眼睛”：全景敞视主义视域下的网络围观［J］.国际新闻界，2015，37（9）.

［25］詹姆逊.后现代主义与文化理论［M］.唐小兵，译.北京：北京大学出版社，1997.

［26］夏瓦，刘君，范伊馨.媒介化：社会变迁中媒介的角色［J］.山西大学学报（哲学社会科学版），2015，38（5）.

［27］戴宇辰.媒介化研究：一种新的传播研究范式［J］.安徽大学学报（哲学社会科学版），2018，42（2）.

［28］彭兰.新媒体用户研究：节点化、媒介化、赛博化的人［M］.北京：中国人民大学出版社，2020.

从“主持人”到“带货主播”：专业媒体主持人的文本叙事与形象塑造

◎ 李舒霓

摘要： 本文从消费主义的理论视角出发，引入叙事学研究方法，对专业媒体主持人的播音创作、形象塑造、角色价值等作深入分析，并通过对带货直播文本的结构化拆分与语言化分析，从“货”“场”“人”三个层次解读专业媒体主持人是怎样建构特色鲜明的“带货直播”文本的，从中发现这些文本的叙事特征，并由此探究传统媒体主持人何以在新媒体时代实现守正与创新。

关键词： 主持人，直播带货，叙事学，消费主义

2020年以来，疫情对实业的冲击加速了“电商直播”破圈发展，直播带货作为无接触销售模式也就展现了其巨大市场价值和社会效应。足不出户的可视化购物体验和极具诱惑力的销售策略，吸引了越来越多消费者加入直播购物大军中。中国互联网络信息中心发布的《第45次中国互联网络发展状况统计报告》显示，截至2020年3月，我国电商直播用户规模达2.65亿，占网购用户的37.2%，占直播用户的47.3%，社交电商、直播电商成为网络消费增长的新动能①。

直播带货，即通过传统电商平台、短视频平台、社交平台等渠道，“使用直播技术进行近距离商品展示、咨询答复、导购的新型服务方式”②，是电子商务进化的新阶段③，是实现数据化驱动、商业化变现、个性化满足、欣赏性消费的数字化营销方式④，也构筑了“渠道场景、用户流量和消费数据⑤”的传播场。在这个新型传播场中，“人—货—场”的新逻辑被激活，而其中最关键的枢纽环节便是“带货主播”。肖珺等学者认为“主播是直播带货模式的核心节点，是商品与消费者的连接

* 李舒霓，华中科技大学新闻与信息传播学院研究生，主要研究领域为广播电视与数字媒体。

① 中国互联网络信息中心（CNNIC）.第45次中国互联网络发展现状统计报告[R/OL].（2020-04-08）[2022-01-05].http://www.cac.gov.cn/2020-04/27/c_1589535470378587.htm.

② 齐志明.直播带货不能“带祸”[N].人民日报，2019-11-27（19）.

③ 郭全中.中国直播电商的发展动因、现状与趋势[J].新闻与写作，2020（8）：84-91.

④ 张志安.直播带货中的传播学启示[J].新闻与写作，2020（9）：1.

⑤ 肖珺，郭苏南.算法情感：直播带货中的情绪传播[J].新闻与写作，2020（9）：5-12.

点”[①]，他们中有网络红人、企业创始人、高层管理者、政府官员，还有专业媒体主持人，虽然身份、功能和符码意义不同，但他们都有一个共同点——自带“资源”，包括商业资源、粉丝资源、渠道资源、包装资源等。情感互动、内容“种草”和秒杀机制，使消费者在长时间的信息轰炸和劝服策略中将注意力转化成购买力。这其中，专业媒体主持人作为主持人群体中的“精英”角色，其与平台中的其他主播有何不同呢？黄勇军等学者认为专业媒体主持人入局直播带货行列，实现了主持人话语形式、职业身份、社会职能等方面的创新，是“消解话语与文化隔阂的大胆实践”、是“多元立体的服务型角色的优化”、也是“融媒体背景下公益传播的全新探索”[②]。闫玉刚等学者用巴赫金的狂欢理论，将主流媒体主持人参与带货理解为对“第一世界”固有“等级秩序”和“现实生活”的颠覆，认为他们以“卖萌”的方式展示出主播接地气的一面，完成了角色的转换；[③]陈静等学者认为主流媒体主持人正在通过“带货直播”方式“以符合网络直播媒介场景的内容、话语打破圈层传播壁垒，强化与用户的情感共鸣和交流互动，建立新型传受关系”[④]。由于主流媒体正式入局直播带货领域时间不长，因此在已有研究中，对于“专业媒体主持人”这一研究对象的考察基本仍停留在媒体平台层面，从主持人所代表的媒体形象出发，对其在直播带货中的职能转变与新媒体探索作总结式梳理，而未对叙事文本主体的“人”及其与叙事文本之间的关系给予更多关注。叙事学是针对那些影响我们感知的叙事和叙事结构与方法而提出的理论和展开的研究[⑤]，通过探索叙事文本的词语、句子和文章各要素之间的相互关系，解构文本的结构与意义，从而进一步理解叙事背后的主体表征与关系逻辑。因此，不论叙事文本是以文字还是非文字符号为媒介，只要其中存在内在叙事，就能够作为叙事学的研究对象。[⑥]因此，带货类网络直播作为一种新兴影像传播文本，其中便呈现出了诸多现象级的叙事特征。

因此，本文将从叙事学视角出发，对专业媒体主持人的播音创作、形象塑造、角色价值等作深入分析，并通过对带货直播文本的结构化拆分与语言化分析，探究以下三个研究问题：专业媒体主持人如何建构特色鲜明的“带货直播”文本？这些

---

① 肖珺，郭苏南.算法情感：直播带货中的情绪传播［J］.新闻与写作，2020（9）：5.

② 黄勇军，时已卓.央视“谢谢你为湖北拼单”系列公益直播活动主持人功能转换分析［J］.当代电视，2020（7）：88-92.

③ 闫玉刚，宫承波.狂欢化与去狂欢化——基于新冠疫情期间直播带货传播现象的冷思考［J］.当代电视，2020（6）：94-97.

④ 陈静，李永欢.“全民直播时代”主流媒体传播的“破圈”与融合——基于央视新闻首场带货直播的案例分析［J］.当代电视，2020（7）：68-72.

⑤ 邓秀军.新媒体纪实影像叙事：文本的解构与话语的重构［M］.北京：中国社会科学出版社，2017：10.

⑥ 廖俊玉.民俗活动电视直播的叙事解读［J］.青年记者，2019（5）：70-71.

文本中体现出了怎样的叙事特征呢？以及“带货直播”文本的叙事创新如何建构播音主持学科的发展路径？本文论述将以专业媒体主持人入局电商直播所建构的新型销售模式为逻辑（如图1所示），对专业媒体主持人形象在直播文本中所扮演的角色进行解读。

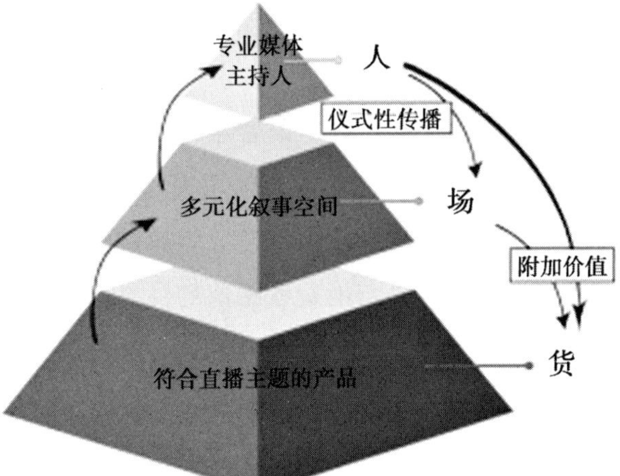

图1 专业媒体主持人建构“人—货—场”三字塔模型

一、升值的“货”：作为消费符号的“主持人价值”

纵观由广电媒体组织的带货直播，从“谢谢你为湖北拼单”到“下单陕送”为陕西、湖北带货，再到“搭把手 拉一把”带货直播力挺湖北。这类直播在选品上往往都有既定主题，即与地方文化密切相关的产品。这也为主持人叙事确定了一个逻辑上的大前提。当某一产品借由主持人叙事被赋予特殊意义，进入这一叙事空间时，才开始有了即刻就会被一抢而空的产品价值。“某某主持人同款”“某直播推荐”等标签也就成为“货”之外的附加价值。因此，“货”也是整个叙事文本构成的基础与源点。

在消费占主导的社会，受众对物的消费转向对形象（景观）或者说媒介影像群乃至纯粹符号的消费。[①]专业媒体“主持人”作为带货主体，其身体、个人身份和伴随身体的语言表达和个人风格都成了经由媒介编码后可供消费的符号景观。

① 刘扬.媒介·景观·社会［M］.重庆：重庆大学出版社，2010：6.

（一）姓名谐音中的消费隐喻

首先，姓名谐音梗使主持人的个人身份被嵌入了消费隐喻。如，朱迅搭档李梓萌，两人的名字谐音为“迅萌”（迅猛）下单，快来“朱李”（助力）；胡蝶搭档王筱磊谐音为“‘磊’在一起，必有‘蝶住’效应”；而由康辉、撒贝宁、朱广权、尼格买提组成的央视boys出场后，网友们也用谐音梗戏称四人为“‘权’面小‘康’，‘撒’手去‘买’”。

谐音是利用字音相同或相近这一特殊语音条件，在一定的语言情景中，有意使话语发出“言外之意、弦外之音”的一种特殊语用策略或修辞手段。在带货直播文本的标题设置上，把人名和消费相关的意义进行巧妙揉合，在“跨域喻指”的隐喻中，达到加大语义信息量、拉近产品与消费者距离的目的。

这些谐音梗从标题上对观众下单购买提出心理暗示，刺激并引导着受众建构购物场景下的文化心理结构、思维体悟方式和生活存在理想。[①]将叙事主体身份与在线购物这一行为相联系，蕴含着消费隐喻，也可形成新的意义。

（二）“主持人”符号为商品附加价值

除了主持人姓名本身被人为重组，并以标题形式显现出新的意义之外，主持人作为代表主流媒体的重要象征符号，其所具备的公信力也成为产品的附加价值。人们在选择该商品时，往往会认为“央视推荐的产品是有保证的”。专业媒体主持人的叙事方式也在不断丰富着商品的承载意义。

“消费不仅是人们用来满足基本生存需要的功能性活动，而且成为表达和实践某种趣味、格调、信念、价值的文化活动”[②]，专业媒体主持人作为党的宣传员和新闻工作者形象，在新时期马克思主义新闻观的引领下，以向观众传递正确政治意识和正向价值观为己任，具有权威性和公信力的立场导向，从而使观众将对他们的肯定与信任附加到对商品的认可中。

鲍德里亚认为，今天的“消费者与物的关系发生了变化：他不会再从特别用途上去看这个物，而是从它的全部意义上去看全套的物”[③]，这也就说明了，事实上消费者看中的已不仅仅是产品本身，而更在于购买产品这一行为的意义、产品背后的文化价值以及带货者形象赋予产品的附加价值，这一切都深受带货者叙事文本的

① 何清俊.隐喻世界的生存图景：汉语谐音文化视野中的传统吉祥图案［J］.湖北社会科学，2014（3）：107-109.

② 王宁.社会转型时期的消费与消费者［M］//李强.中国社会变迁30年.社会科学文献出版社，2018：230.

③ 鲍德里亚.消费社会［M］.刘成富，全志刚，译.南京：南京大学出版社，2000：4.

影响。刘楠也指出商品的意义主要来源于“商品—物承载意义”“伴随文本为商品叠加的意义”，以及“消费者通过购买和消费商品从而确证实现商品的意义”[①]。因此，在帮产促销的同时，专业媒体主持人作为叙事主体，是产品本身所携带的故事与文化背景展示的最佳渠道，能够激发受众持续的讨论与正向联想。那么，要想探究主持人的叙事方式是如何进一步丰富“货”的意义的，就要从这些叙事文本所体现出的“场”的色彩特性来解读。

二、多元的“场”：主持人塑造全新叙事空间

当主持人将“货”带入第二阶段的“场”，这时“货”便被赋予了“场”所体现的性质与色彩。当主流媒体主持人以口语化、网络化的叙事表达讲述主旋律的主题时，便产生了“破次元壁”“出圈”的奇妙传播效果，使主流媒体话语与互联网话语得以有机交汇融合，并被各平台多元主体认可和接受，塑造不同于一般电商直播带货的、符合主流价值观传播的直播叙事空间。

（一）建构新闻性的直播场景

在网络视频直播中，空间构建为直播内容的表达和宣传提供了合适的平台。[②]

在直播环境上，这一类广电媒体带货类直播往往会营造出一种类似于新闻直播间的录制环境。由于专业媒体主持人参与的带货直播多为由主流广电媒体主办的“帮产促销”活动，因此直播多在专业电视节目演播室录制，主播播报座位安排形式也多参照新闻坐播节目来摆放。同时，直播配有专业的直转播团队。这与一般电商主播选择家居环境的直播场地相比更为正式与严谨。

另外，从直播拍摄角度来看，一般电商直播大多采用单机位竖屏拍摄，广电媒体直播带货往往采用多机位的横屏直播模式，且主持人也都是经过专业培训，具备良好的镜头感和场景调度意识的。如，在“谢谢你为湖北拼单”的带货直播中，主持人朱广权在展示产品热干面时，就要求摄像师切换机位对产品进行特写拍摄。

而在叙事内容上，这些日常从事新闻播报工作的主持人，也总会在叙事过程中提及新闻工作背后的日常生活与逸闻趣事，满足了观众的窥视心理，让观众能够通过直播看到刻板印象中正襟危坐的播音员背后的日常生活。如，在直播中，当朱广

---

① 刘楠.回到商品表征：对品牌理论的一个符号学追溯［J］.符号与传媒，2020（1）：185–194.

② 邓秀军.新媒体纪实影像叙事：文本的解构与话语的重构［M］.北京：中国社会科学出版社，2017：216.

权谈及“新闻节目片头片尾或播放广告时，主播会做什么”时，便与观众分享了“导播会随时在耳机里跟你沟通下面的内容，基本节目播出的时候没有休息的”这一幕后真相。在另一场胡蝶与王筱磊搭档的带货直播中，谈及产品“米婆婆甜香酒酿”时，胡蝶就结合了自己“是做早间新闻的，早上的时候我们都特别冷，我早上4点钟就要起床……只有穿上全套的，你才会觉得不冷。但是自从喝了这个米酒，早上喝一碗之后就觉得好温暖”的经历，不仅介绍了产品养气活血的功效，更将受众所不熟悉的、隐匿在“后台”的生活状态搬至了“前台”。以新闻节目背后的故事为桥梁，接地气、亲民化的叙事语态也得在不变中获得新生，并助推新型主流媒体的品牌形象更加生活化、立体化。

（二）树立公益性的叙事氛围

当前，由于疫情期间帮产促销以及脱贫攻坚工作推进的需要，广电媒体带货直播在叙事主题的选取上仍侧重于扶贫助农或地方特产品牌销售，这也使直播文本的整体叙事前提是公益性的。在这一系列公益直播活动中，央视主持人成为新媒体公益事业的“扩音器”与“冲锋号”，他们不仅实现了公益资源的有效对接，也将以往由政府部门、公益组织、新闻媒体主持的公益活动主导角色让位给互联网用户，成为公益动员的倡导者和践行者。①

与此同时，主持人也是推动社会进步、引导社会舆论、传递时代变化的服务者。2020年1月，国家广播电视总局印发《关于加强广播电视公共服务体系建议的指导意见》，提出力争到2025年，全面建立系统完善、层次分明、衔接配套、科学适用的基本公共服务标准体系。提供公共服务是广播电视的基本社会功能之一②。广电媒体的服务性角色转型也在直播带货的公益动员中得以践行。服务社会发展、满足用户需求、实现共建共享的责任感也应成为主流媒体传播活动常态。广电媒体即渠道，通过这一渠道，变现创收仅仅是电商红利带来的可视化的表现，而真正隐性传播的则是，附着在商品上的主流媒体话语与文化内蕴，这是向受众弘扬中国特色社会主义先进文化的渠道，也是彰显主流媒体强大传播力、影响力和公信力的渠道。公益性的叙事空间特点，在众声喧哗的网络空间开辟出了一方充满人文关怀、承载伦理职责的小天地，也最大限度地发挥了新型主流媒体舆论引导功效。

---

① 黄勇军，时已卓.央视“谢谢你为湖北拼单”系列公益直播活动主持人功能转换分析［J］.当代电视，2020（7）：88-92.

② 童云.广播电视公共服务的转型升级——以中央广播电视总台直播带货、主持人Vlog等融媒体实践为例［J］.中国广播，2020（5）：54-57.

（三）塑造文化性的叙事语境

相比网络电商主播往往会使用通感、类比等修辞叙事，带给观众“正在体验”的观感，以朱广权为代表的专业媒体主持人在产品介绍时，则更侧重于艺术逻辑而非商业逻辑。他们大多会通过关键词联想技巧，从地方文化、历史渊源、名人典故为切入点，为受众介绍产品的历史内蕴与文化象征。

此外，专业媒体主持人在语言艺术呈现形式上也会更加注重层次感。在另一场为陕西带货的直播当中，央视新闻主播胡蝶在带货陕西凉皮时介绍道：“陕西面皮分很多类，有米皮儿面皮儿热面皮儿，魔芋粗粉酪面皮儿，炒面皮儿蒸面皮儿，最后还有你正在吃的擀面皮儿。”不仅介绍到了正在售卖的“擀面皮儿”，还用“贯口”这一语言艺术基本功，让观众对陕西的饮食文化有了更全面具体的了解。朱广权在直播过程中也频频加入押韵段子，如“我命由我不由天，我就属于佳琦直播间”“初来乍到，技术不妙，手艺不高，请网友们多多关照”等，丰富了叙事语言的呈现样式。主持人作为节目人格化传播形象，应具有对主导文化的自觉意识，承担引领社会文化自觉、培育优秀文化、建立文化自信的使命。[①]用文化为产品加持，塑造具有文化传播价值的系列内容，既满足了“人民日益增长的美好生活需要”中的文化需求，也增强了民族文化认同感与向心力、凝聚力，引得观众也纷纷在弹幕中刷屏“文化人”，形成了让不同平台受众都喜闻乐见的文化氛围。

三、节目中的“人”：主持人的景观性与仪式化传播

当我们关注叙事文本时，实际上我们更多是在关注叙事文本主体的“人”及其与叙事文本之间的关系。在一场“带货直播”中，主持人是整场活动的中心环节，主持人借由公信力、权威性、可信任的个人品牌使“货”有了新的意义，而主持人建构的具有新闻性、公益性、文化性叙事特征的“场”又为产品销售提供了广阔平台与流量池。而回归“主持人”本身，其价值除了体现在“货”的增值、“场”的塑造上，同样体现在“人”本身在这一类直播文本中所发生的转变。

（一）作为景观的主持人

传统电视节目中的主持人形象对于观众来说依然深入人心，因而显得传统刻板，也难以推陈出新。在带货直播类文本中，主持人形象的塑造则实现了守正创

① 詹晨林.融媒体时代主持人自觉意识变迁研究［J］.中国主持传播研究，2019（2）：14-27.

新——作为叙事主体出现的专业媒体主持人本身更是具有景观性的。

“景”，是指景物或景观，原意为一种被展现出来的可视的客观景色、景象，也意指一种主体性的、有意识的表演和作秀。[①]专业主持人在带货直播中的表演，事实上是完成一场演播室展演，而观众的观看体验也更接近于观赏了一场在线互动式购物栏目。法国学者居伊·德波（Guy Debord）认为：“从生产型社会转向消费型社会过程中，有一条清晰可见的线索：商品（实物）——形象（被抽象化）——景观（商品新的表现形式）递进转换”[②]，随着线上购物的传统图像化消费已无法满足人们的体验需求，带货直播这一新型体验式销售模式让商品获得了通感化的呈现形式。由于带货的主流媒体主持人本身就是流量人物，受众观赏他们以全新的身份进行的一场叫卖式表演，并能够积极主动地参与这种新的文化景观，使之与自身生活相关联，能够实现迈克·费瑟斯通（ Mike Featherstone） 所说的“处于其他地位的群体追求这种形象消费，以实现自己的情感满足和优越体验”[③]。由此可见，专业主持人的带货直播为观众带来一种实时共享的慰藉和快感。

当然，专业媒体主持人也象征着主流媒体的媒介形象，其官方话语与民间话语的反差“萌感”，同样也是一种网感产物。这种出现在新媒体平台的具有强烈代表性的官方体系由此也成为网友们追捧的网络景观。这一批专业播音员在长期的播音主持创作中也始终秉持着“播音主持工作的根本属性是其新闻性”这一基本专业素养。且主持人的有声语言训练就要求专业主播应具备“三性”“三感”，分别是“规范性”“鼓动性”“庄重性”“时代感”“分寸感”“亲切感”。因此在“央视新闻”推出的几场由新闻主播主持的直播活动中，朱广权、康辉、欧阳夏丹、胡蝶等传统新闻主播参与网络平台带货，仍难以跳出长期形塑的播音创作思维与现场主持状态。这种“反差感”便是看点之一，同样这种“不变”的主持人播音主持创作状态也体现在形象管理、叙事逻辑和主持节奏三个方面。

在形象管理上，经过专业训练的主持人并不会现场试吃推荐产品。如在直播中朱广权就直言：“我们作为主持人，怕吃了之后沾牙，上镜效果不好，也担心声音状态会有影响。”对于专业媒体主持人来说，坚守新闻主播的底线，树立良好的职业形象和社会公众人物形象、树立党的宣传员和新闻工作者的责任意识是根深蒂固的。在肢体语言的呈现方面，区别于电商主播在介绍产品时的大幅度肢体动作，

---

① 德波.景观社会［M］王昭凤，译.南京：南京大学出版社，2006：10.
② 刘扬.媒介·景观·社会［M］.重庆：重庆大学出版社，2010：11.
③ 周宪.视觉文化与消费社会［J］.福建论坛（人文社会科学版），2001（2）：34.

以及为达到夸张推荐效果时会放肆大笑，在“谢谢你为湖北拼单”直播中，主持人朱广权始终保持着上镜播音的端坐仪态，且直播全程肢体动作较少，没有较大的情绪波动。这也离不开主持人专业培训中对主持人副语言的规范提出的标准要求，包括眼神、面部表情、体态、服饰、时空感觉显示等的规范。[①]

在叙事逻辑上，主持人教学也曾要求主持人在话筒的状态应是“态度端正、定位恰当，沉着自信、积极能动，逻辑清晰、思维统一，体察受众、营造语境，声情并茂、以情带声，自我调检、整体和谐”[②]的。其中“逻辑清晰、思维统一”的锻炼就使专业媒体主持人在语言组织和产品介绍的过程中仍保持着节目主持中的对白逻辑。区别于电商主播的体验先行、优惠先行的平铺直叙，他们往往会在介绍词设计上更注重语言艺术性与文化美感，通过对仗句式或场景联想等手段婉婉道来。

而在主持节奏上，不同于电商主播整体声调偏高、句尾上扬、播报节奏较快的特点，专业媒体主持人仍习惯于音高为“55，35，214，51”的标准声调，并保持内容播报的清晰圆润、准确恰当、落落大方。但在直播过程中，也出现了主持人更习惯与镜头互动，而难以兼顾与观众弹幕互动交流的情况。

可以说，尽管需要应景而“变”的仍有许多，但由“不变”的主持人基本功应“变”的媒介场景与社会环境亦能够营造网友们喜闻乐见的“萌化”景观，同时，也让我们更明晰了广电媒体入局新媒体平台时，达到“守正”，方能创新。

（二）主持人建构仪式化传播

同时，许多观众对直播的关注是具有仪式感的。以央视新闻主播的带货直播为例，由于在整体宣发过程中，从新闻联播到“央视新闻”微博账号再到央视新闻客户端的全媒体平台报道，已让每一场央视新闻带货直播都成为新闻焦点，成为备受瞩目的新闻事件。这时，媒介作为一种神圣仪式，其主要目的已不仅是让人们获得信息，而且也在仪式活动中生产出特定的文化意义。[③]

由于央视新闻4月以来开启的直播都是基于抗疫公益传播发挥平台优势，助推湖北、陕西等地农副产品对外销售，因此在带货过程中也多次提及产品背后的新闻背景。如朱广权在介绍热干面之前首先提及了武汉疫情近况——“因为我们每天在新闻节目当中播报武汉的近况，而且8号武汉马上就要解禁了，所以烟火气也越来越

① 张颂.播音主持语言通论［M］.北京：北京广播学院出版社，1994：74.

② 中国传媒大学播音主持艺术学院.播音主持创作基础［M］.北京：中国传媒大学出版社，2018：292.

③ 曾一果，朱赫.记忆、询唤和文化认同：论传统文化类电视节目的“媒介仪式”［J］.现代传播（中国传媒大学学报），2019，41（3）：92-98.

浓了起来……”；介绍到香菇干时也再次提及了复工复产的新闻背景——“我觉得香菇其实是最代表我们今天为湖北下单的初衷的。因为疫情的影响，这个香菇的销量确实是受到了很大的影响。我们这会儿买这个农产品就是在支持我们湖北农业满血复活、复工复产。所以我特别诚恳地希望大家多多购买。”叙事文本背后更是具有新闻背景与公益意义。

主流媒体入局一定程度上保证了公益直播中的媒体公信力，有利于公益直播的品牌形象的树立，体现出叙事文本背后的社会责任感与人文关怀。流程化、标准化的产品信息经由专业主持人重新编码与解读，被转化为普罗大众喜闻乐见的文化符号和日常叙事。观众在不知不觉中体验和感受了产品背后的文化意涵、公益使命、新闻共情，不仅提升了带货直播的“专业性”，也大大增强了直播内容的“仪式感”。

经过一系列仪式化元素的运用，观众获得了进入“媒介仪式空间”的机会，在这一空间中每一位观众都有机会成为湖北战疫、扶贫助农的亲历者，并拥有了为公益消费这样有意义的身份。在“仪式化的传播”中，分散的观众个体被汇集在同一场带货直播中，在一个共同的媒介仪式空间中分享和感受公益力量。

四、“货”“场”新叙事重塑主持人角色

专业媒体主持人建构了带货直播叙事文本在“货”“场”“人”方面别具一格的叙事特征，这种叙事是广电媒体主持人叙事逻辑在网络平台实现的交汇融合，也成就了一种新的文化样式与媒介景观。而从主持人带货所建构的三字塔模型内在作用逻辑来看，“货”与“场”的创新也同样助推着主持人形象的立体化与社会化的建立。

（一）立体化的主持人形象

首先，主持人情绪更趋立体化。一方面，“场”所要求的新闻性特征保留了专业媒体主持人新闻播报的话语样态基本功展示，同时在叙事内容的安排上也不乏新闻元素的出现，这使广电媒体主持人能够在发挥个人专业优势的同时成长为全媒体平台喜闻乐见的主持人形象。因此，完全推翻传统主持人的培养体系，进而一味地塑造新媒体主持风格是不可取的，新闻性仍应是主持人在播音创作时需坚守的，增加新闻传播学基本理论教学也仍应是播音主持学科建设的重中之重。另一方面，在语言表达上，“梗文化”的主流化表达，形成了官方形象与网络话语碰撞的奇观。

"梗"，更准确的表述应该是"哏"，意为笑料、笑点。由于捕捉、意会某些笑点需要一定的背景知识和语境，"梗"便成为群体成员的一种"接头暗号"，由此形成了由"埋梗""接梗""玩梗"组合而成的"梗文化"[①]。在主持人的日常媒介参与中，对这类流行于网络的互文性文本应保持相对的敏感性，并寻求主流话语接地气、有网感的创新性表达。带货直播间就为他们提供了"抛梗"的平台，借由"货"这一具体的叙事载体，主持人得以在直播中用平实生活的话语、风趣幽默的对白、跨越圈层的"梗"解构央视扶贫助农行动所代表的政治话语与宏大叙事，"梗文化"的助力也为主流媒体打通了与网友们之间的情感共鸣与价值联通。如朱广权在"谢谢你为湖北拼单"的直播中频频抛梗，"我用产品挡住脸估计还好，康辉估计就挡不住了""四个字的不仅是成语，也可能是易烊千玺"；由康辉、朱广权、撒贝宁、尼格买提组成的央视boys更在直播中互怼，如朱广权调侃康辉为"小松鼠"，康辉怼撒贝宁的"电饭煲"读音错误会被罚钱等有趣的直播细节，因而他们的这场直播也被网友们戏称为"群口相声"。

其次，是主持人风格的不断立体化。当观看带货直播的体验趋向于观看一场主持人直播秀，那么带货直播的叙事人物、叙事语态风格、环节设置的重要性也会凸显出来。才艺展示成为秀的加分项，如央视boys现场唱歌，让主持人在播音主持专业性以外的魅力吸粉无数。另外，网络直播同样也面临着许多技术上的不确定性，如"谢谢你为湖北拼单"直播伊始就频频出现突发信号连接问题等技术状况，需要主播在空白时间随机应变，这就对主持人现场即兴控场能力提出了要求，也是对主持人的弹幕互动能力的一种考验。因此，新型主流媒体主持人风格的养成，不仅需要提升主持人媒介素养，保持网感，同时，也应把握好作为专业媒体主持人与网络主播之间的反差感，保持主流媒体话语与网络话语的差异性，并将这种差异性打造成为新型主流媒体特色。

（二）社会化的主持人形象

《中国广播电视播音员主持人职业道德准则》就曾从责任、品格、形象、语言、廉洁五个方面对专业媒体主持人的从业道德与业务要求提供了基本参考。我国电视节目主持人承担着"传播先进文化，弘扬民族精神，维护国家利益，促进经济社

① 马中红，任希.国家美学与社群美学的分野与对话——以"央视春晚""B站拜年祭"为例［J］.探索与争鸣，2020（8）：90-98+159.

会发展，推动人类文明的崇高使命和社会责任”①。因此，他们不仅应是党、政府和人民的“喉舌”，是广电媒体的“窗口”和“形象代表”，也是传递信息、解读政策、引导舆论的“传声筒”与“代言人”②。而在这场新媒体的实践中，专业媒体主持人的“社会角色”作用更加凸显出来，这主要体现在三个方面的突破。

首先是领域的突破。专业媒体主持人的角色定位不再仅仅局限于传媒领域，而更多转向了能够与不同领域交叉的综合服务型角色。这时主持人跨界到其他领域也将成为常态。其次是圈层的突破。“带货”让专业媒体主持人找到了媒体职能与市场生态之间的平衡点，当他们的叙事出了传统媒体圈层后，借助圈层文化中的文化符号和话语，便能够形成强有力的受众黏合力和依附力，不断推动圈层服务的升级③，实现媒体融合的纵深发展。最后是时空的突破。网络直播的形式让主持活动成为一种全时表演。主持人在产品销售的过程中与观众的实时互动也消融了实体空间与虚拟空间的边界，与观众的关系趋向于陪伴式社交，借助直播间的弹幕、礼物、抽奖活动等信息把握话题与话语，着力强调共鸣、互动、体验，将公域流量转变为固定化、强粘性、高质量的私域流量④。这时，主持人也从原来的信息传播者成为信息中的一员，能够以自身所长在社会公共事务的参与中做出实事。

五、小结与思考

本文通过对带货直播文本的叙事学解读，以“货”“场”“人”三个层次之间的相互作用对专业媒体主持人文本建构的内在逻辑进行了梳理。通过直观的话语剖析，我们能够发现其中鲜明的叙事特征，也阐明了主持人形象创新背后的“变”与“不变”。“带货直播”仅仅只是主持人形象转型过程中迈出的其中一步，主持人播音主持创作“守正创新”仍有很长的路要走。作为叙事对象的“货”可能会被其他主题取代，但我们不能否认的是，在这个粉丝经济时代，主持人作为一种消费符号，其身为流量转化方的实力不容小觑。而真正在使其释放魅力的正是这些专业媒

① 国家广播电影电视总局.中国广播电视播音员主持人职业道德准则［EB/OL］.（2004-11-23）［2022-01-05］.http://www.cctv.com/profile/special/C17724/20070228/102601.shtml

② 黄勇军，时已卓.央视“谢谢你为湖北拼单”系列公益直播活动主持人功能转换分析［J］.当代电视，2020（7）：88-92.

③ 刘宏，王倩.圈层传播：一种媒介产品化的底层逻辑——以B站跨年晚会为例［J］.青年记者，2020（18）：9-10.

④ 黄勇军，时已卓.央视“谢谢你为湖北拼单”系列公益直播活动主持人功能转换分析［J］.当代电视，2020（7）：88-92.

体主持人需要坚守住的“正”的战线。同时，新闻性也始终是播音主持创作的根本属性。坚持培养主持人的政治自觉、文化自觉、职业自觉，履行好传递信息、解读政策、引导舆论的职责，也是重中之重。在播音主持学科教育的过程中，同样不能忽略基础传播理论的学习与对用户思维的剖析，树立服务型角色意识，把握好话语空间的塑造尺度。

参考文献

[1] 中国互联网络信息中心（CNNIC）.第45次中国互联网络发展现状统计报告[R/OL].（2020-04-08）[2022-01-05].http: //www.cac.gov.cn/2020-04/27/c_1589535470378587.htm.

[2] 齐志明.直播带货不能“带祸”[N].人民日报，2019-11-27（19）.

[3] 郭全中.中国直播电商的发展动因、现状与趋势[J].新闻与写作，2020（8）.

[4] 张志安.直播带货中的传播学启示[J].新闻与写作，2020（9）.

[5] 肖珺，郭苏南.算法情感：直播带货中的情绪传播[J].新闻与写作，2020（9）.

[6] 肖珺，郭苏南.算法情感：直播带货中的情绪传播[J].新闻与写作，2020（9）.

[7] 黄勇军，时巳卓.央视“谢谢你为湖北拼单”系列公益直播活动主持人功能转换分析[J].当代电视，2020（7）.

[8] 闫玉刚，宫承波.狂欢化与去狂欢化——基于新冠疫情期间直播带货传播现象的冷思考[J].当代电视，2020（6）.

[9] 陈静，李永欢.“全民直播时代”主流媒体传播的“破圈”与融合——基于央视新闻首场带货直播的案例分析[J].当代电视，2020（7）.

[10] 邓秀军.新媒体纪实影像叙事：文本的解构与话语的重构[M].北京：中国社会科学出版社，2017.

[11] 廖俊玉.民俗活动电视直播的叙事解读[J].青年记者，2019（5）.

[12] 刘扬.媒介·景观·社会[M].重庆：重庆大学出版社，2010.

[13] 何清俊.隐喻世界的生存图景：汉语谐音文化视野中的传统吉祥图案[J].湖北社会科学，2014（3）.

[14] 王宁.社会转型时期的消费与消费者[M]//李强.中国社会变迁30年.社会科学文献出版社，2018.

[15] 鲍德里亚.消费社会[M].刘成富，全志刚，译.南京：南京大学出版社，2000.

[16] 刘楠.回到商品表征：对品牌理论的一个符号学追溯[J].符号与传媒，2020（1）.

［17］邓秀军.新媒体纪实影像叙事：文本的解构与话语的重构［M］.北京：中国社会科学出版社，2017.

［18］黄勇军，时已卓.央视“谢谢你为湖北拼单”系列公益直播活动主持人功能转换分析［J］.当代电视，2020（7）.

［19］ 童云.广播电视公共服务的转型升级——以中央广播电视总台直播带货、主持人Vlog等融媒体实践为例［J］.中国广播，2020（5）.

［20］詹晨林.融媒体时代主持人自觉意识变迁研究［J］.中国主持传播研究，2019（2）.

［21］德波.景观社会［M］王昭风，译.南京：南京大学出版社，2006.

［22］刘扬.媒介·景观·社会［M］.重庆：重庆大学出版社，2010.

［23］周宪.视觉文化与消费社会［J］.福建论坛（人文社会科学版），2001（2）.

［24］张颂.播音主持语言通论［M］.北京：北京广播学院出版社，1994.

［25］中国传媒大学播音主持艺术学院.播音主持创作基础［M］.北京：中国传媒大学出版社，2018.

［26］ 曾一果，朱赫.记忆、询唤和文化认同：论传统文化类电视节目的“媒介仪式”［J］.现代传播（中国传媒大学学报），2019，41（3）.

［27］马中红，任希.国家美学与社群美学的分野与对话——以“央视春晚”“B站拜年祭”为例［J］.探索与争鸣，2020（8）.

［28］国家广播电影电视总局.中国广播电视播音员主持人职业道德准则［EB/OL］.（2004-11-23）［2022-01-05］.http：//www.cctv.com/profile/special/C17724/20070228/102601.shtml

［29］黄勇军，时已卓.央视“谢谢你为湖北拼单”系列公益直播活动主持人功能转换分析［J］.当代电视，2020（7）.

［30］刘宏，王倩.圈层传播：一种媒介产品化的底层逻辑——以B站跨年晚会为例［J］.青年记者，2020（18）.

［31］黄勇军，时已卓.央视“谢谢你为湖北拼单”系列公益直播活动主持人功能转换分析［J］.当代电视，2020（7）.

会议综述

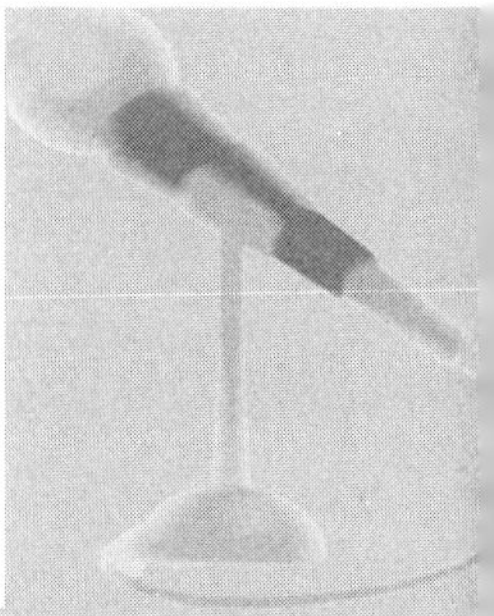

价值·流变：智能时代的主持传播

——第五届中国主持传播论坛（2021）综述

◎ 李亚虹　焦亚肖*

2021年12月18日，由河北大学新闻传播学院、河北大学燕赵文化高等研究院和中国人民大学新闻学院联合主办的“第五届中国主持传播论坛（2021）”在河北大学举行。论坛以“价值·流变——智能时代的主持传播”为主题，围绕新文科建设与主持传播人才培养、主持传播与教育教学改革、主持传播与奥运传播、关系经济视域下的主持传播、历史视野中的主持传播、公共传播中的口语传播、媒介技术变革与口语传播演变、网络音频产业与主持传播等议题，采用线下主题演讲和线上分论坛相结合的形式，邀请国内播音主持与口语传播领域专家、学者以及业界主持人共襄盛会，吸引了全国60余所高校与科研机构的教师、硕博研究生、本科生等200余人关注与参与，从不同维度、不同议题对主持传播领域的学科前沿和学术焦点进行深度研讨。本届论坛凸显“变”的特征，探讨智能时代的媒介环境处于变革之中，媒介主体也走向转型发展之路，学科研究立足时间线索既回望历史又关照现实，在新的时代背景创新学科发展路径，同时在研究领域中也不断开疆拓土，注重理论指导实践，让学术研究真正落地生根。

一、主体之变：技术变革推动媒介转型

智能时代，不断发展的技术使媒介环境发生迭代与变革，环境中的主体也随之变动与转型。2021年，更多虚拟主播走上屏幕，受众对于虚拟主播不再感到陌生，接受程度也逐渐提高。在思考人工智能技术对实体主持人带来影响的同时，人们更加关注人工智能技术发展的来路与去路。而面对不断变革的媒介环境，传统节目主持人纷纷向新媒体进军，呈现“一专多能”的景观。正如中国人民大学新闻学院执行院长周勇教授在开幕式致辞中所说：“字正腔圆不再是主持人的优势，个性化魅力开始走进大屏小屏。”变革中的媒介环境与媒介技术也不断助力转型中的主

* 李亚虹，河北大学新闻传播学院教授、硕士生导师；焦亚肖，河北大学新闻传播学院硕士研究生。

持人在智能时代彰显人格化传播的魅力。

（一）梳理人工智能主播的发展路径

在论坛开幕式专家主题发言环节中，浙江传媒学院播音主持艺术学院教授刘兴宇围绕新作《中国虚拟播音主持报告2021》一书带来主题发言，系统梳理了人工智能发展的历史轨迹，并对中国AI主播发展案例、受众对AI主播认知状况调查、学界对AI主播的研究以及未来的研究空间等方面介绍。西安交通大学教授吴锋从历史性和共识性的层面对人工智能主持传播的历史发展和现状进行归纳和定位，并对人工智能生产模式、对话发展及其对新闻传播业的影响提出观点。

中国人民大学博士研究生郝君怡认为，人工智能主播的进化发展可分为声音的文本转化、智能语音的对话和多模态的交互三条路径，并从语言符号、角色和规范三个层面提出人工智能主播未来发展的设计框架。北京体育大学硕士研究生张瑜基于凡迪克的“话语理论”分析AI新闻主播的发展状况，从宏观主题理解、言语准确度和微观语言处理、语境创设、修辞运用等方面探寻突围路径，探讨AI新闻主播普及的可能性。中国传媒大学硕士研究生林阳指出人工智能主播是赛博格化的人机文明，结合分层理论，提炼出人工智能技术具备的信息传递、艺术审美、情感交互、人格化定制四个应用层次，并从“AI+媒体”的发展趋势等方面展开探讨，深入理解人机文明的创造主体。

南京传媒学院教师席骁将已故配音艺术家李易老师的纪录片解说作品与AI模仿李易老师声音所配音的作品进行对比，发现AI云技术还原出来的解说虽然能够准确表达重音，实现简单的语流高低的变化，但是仅仅停留在了“达意”的阶段，无法进一步实现“传情”。华东师范大学硕士研究生陈曦研究发现，各大主流媒体平台都推出了一个专属的虚拟偶像的符号并希望能够借助虚拟偶像来突破这种传统的物理时空与虚拟时空的界限，拓宽主流文化传播边界；在虚拟偶像传播过程中，应该为其赋予强大的内涵和正确的价值观，同时，虚拟偶像作为现实与虚拟世界双向互动的桥梁，承担的作用应从正向的输出和反向的输入双向发力以形成闭环。

（二）关注传统媒体主持人的转型发展

著名主持人、河北广播电视台播音指导方琼结合自身经历，从人、货、场三个层面探讨传统媒体主持人在新媒体平台的生存。她认为作为传统媒体主持人要有从传统媒体跨向新媒体的勇气，开辟新舞台，走出舒适区，找准定位，实现主持人身份的转变。方琼根据自身经验提出建议："人"指主持人在转向新媒体做直播带货时要做"真人"，说"真话"，并从受众角度出发，做生活中的"有心人"。"货"指的是主播身为带货"把关人"要为受众提供有价值的内容，并在激流勇进的市场浪潮中做到"人无我有，人有我优"。"场"是指工作时的氛围感、样态、形式、语言和体态语。主持人要明确新媒体直播间和传统媒体演播室的区别，巧妙运用语言技巧、互动方式和"直播意外"抓住人心，将受众带入直播场中。华中师范大学教授王丽认为拟态环境是媒介运用符号系统对现实环境描绘、摹写、重构和再现的一种信息环境。在人人都有麦克风的多元网络拟态环境中，主持人的职业定位逐渐从中心化到边缘化。社会赋予广电主持人"守望者"和"意见领袖"期望，媒体又赋权主持人非同一般的话语权。如此，主持人要秉承主流媒体长期积累的公信力和权威性，在网络拟态环境的建构中实现良币驱逐劣币的正能量传播中心化再造。四川外国语大学副教授王媛运用扎根理论的方法，构建了融媒体语境下主持传播价值表达的生态化体系理论模型，认为主持人作为正能量网红在融媒体时代转型发展的过程中应诉诸于专业性、社交性和人文性三个变向的价值表达。中原工学院讲师宋立和本科生杨子思聚焦主持传播的人格化传播，从人格的文化生成角度将智媒时代造就的多元主持传播主体人格分为自然真实人格、虚拟人格、人工类人格三个类别，认为智媒深刻影响主持传播主体人格的文化生成机制。在未来主持传播发展过程中既要注重个人人格特质的挖掘，也要注重自身和交流主体之间的社群化，并且不断提升寻找和挖掘人格魅力持续弥散的能力。

四川省社会科学院研究生陈煦阳通过梳理主持传播发展的历史脉络和短视频生产的逻辑，分析主持传播阵地在从电视荧屏转到手机小屏这一过程中发生的流变后发现，在短视频生产逻辑的影响下，主持传播呈现出审美迁移、主持人中心归位、评价体系转变等特征，同时，综合受众需求、实务能力和学科溯源得出了主持传播应该注重人格化展示、融媒体能力培养和理论深度耕耘的启示。中国人民大学博士研究生赵行知以抖音平台中的网红记者和传统媒体主持人为例，认为短视频平台上的传统媒体主持人正通过符号创造和解读，重新塑造着他们的人格形象。陕西师范大学研究生师艺丹以多模态话语框架分析为路径，探究了从传统媒体主持人到自媒体人转变过程中主持人身份发生的变化。山东大学硕士研究生王弈欢在与观看过"小朱配琦"的18位观众进行深度访谈后指出，在主播与网红、主播与观众之间存在话语矛盾、解读偏差等问题，并为直播带货中的主持人转型发展提出可行性方案。

（三）聚焦新媒体主体与内容研究

华东师范大学博士研究生李璐扬探讨了UGC模式下生产出的表演性短视频在舞台设置、个人前台、表演方式中呈现的后现代特征，以及所引发的娱乐狂欢，由此探讨后现代表演中观演关系的变化与消费主义的狂欢之间的紧密联系。黑龙江大学硕士研究生刘梦楚认为Vlog作为一种生活记录的短视频，其内容的生活化和个性的故事化满足了明星表达自我个性的需求，通过人格化的表达方式，实现明星对自我形象的塑造。研究选取了明星在 Vlog视频中发展商业价值和个人隐私矛盾化等困境进行分析，以此来试图探究明星Vlog的特征及优势，并对明星Vlog在传播中存在的问题，提出对策性的建议。陕西师范大学硕士研究生刘旭探讨了在新媒体语境之下主持人的非言语传播所呈现出来的独特优势，认为非言语传播作为一种可视化的传播手段，正与新媒体环境下转型中的主持人进行良性互动。深圳大学硕士研究生张语嫣聚焦网游领域，从女性游戏解说入手，以小见大，以女性的视角以及专业相关解说的理论为基础进行阐释，通过对游戏女解说的话语分析，窥见游戏主持行业现存问题，希望新兴女性职业能为自身性别群体所遭受的不平等现象正名，破除长久以来形成的职业女性乃至社会群体所经历的困境。

在短视频领域，华中科技大学博士研究生曾晓以从事专业内容生产的自媒体网络红人为研究对象，从技术的角度分析自媒体时代网红兴起的必然性和可能性，并认为自媒体网红传播过程当中存在内容低俗化、同质化现象严重，以及广告过度植入等问题，针对性地提出了合理把握语言尺度、加强话题议程设置功能以及重视双向互动的优化建议。广州大学硕士研究生李佩玉从主题、主体、发声渠道三个层面介绍三农短视频发展现状，认为三农短视频经历了2015年的野蛮生长阶段、2018年到2019年的严格监管阶段以及2020年至今的蓬勃发展阶段；并以西瓜视频中三农博主的出镜报道为研究样本探讨其发展中存在的不足，并针对其内容、方式和表达技巧提出可行性解决方案。陕西科技大学硕士研究生卓倩茹、闫琪认为公益助农类的直播带货为农产品的滞销提供了新的解决方案，在精准扶贫中扮演着重要的角色，并且将在乡村振兴中有广泛的推动作用。同时从公益助农直播中的物质类符号、言语类符号、动作类符号等层面出发分析该类直播带货中的符号应用及其影响。

二、纵向之变：古今关照促进学科发展

任何科学文化的研究都不能脱离特定的时代背景，本届论坛既面向学科历史

寻根溯源，也立足当下探索前路。以历史视野回溯主持传播的发展历程，以党媒经验匡正价值引领。在新文科建设浪潮下，播音主持学科的教育教学也须进行解构与重组，改革势在必行。

（一）“价值永存”：党媒经验引领，走好当前路

中国传媒大学播音主持艺术学院教授、博士生导师曾志华深耕演播艺术家口述史文化记忆领域，认为用声音记录历史记录时代的人，他们的艺术人生同样值得被记录。同时，演播艺术家本身既是演播艺术构成的重要元素，也是中国广播发展史和演播艺术发展史的重要组成。陕西师范大学副教授吴胜认为，在媒体融合背景下，传统节目主持人完全可以“仿古开新”。他总结出延安时期党媒话语表达具有把握话语主动权、打通话语表达进路、关注话语表达效果和用百姓的话传达党的政策等经验。并认为当今时代的融媒体主持人在话语表达方面要“以史为镜”，不断走向主持人文本的人格化、本土化，其话语表达的表现形式、有声语言、语境要更加多样化。此外，还提出受众分层化和技术手段智能化是未来的发展方向。天津传媒学院教师卢茜认为党媒在面临新媒体冲击难以发挥自身权威性的优势的背景下，要创新自身宣传话语体系，推动新媒体的融合，并在群众关系、时代意识、情感色彩三方面满足人民群众作为党媒主要服务群体在不同时期的差异化需求，使党媒真正做到人无我有，人有我优。

2021年正值中国对外广播诞生80周年。中国人民大学博士研究生乔秀宏以时间阶段为线索，从广播目的、广播内容、节目形式、播音形式以及传输方式等方面来考察人民广播对外广播声音与政治之间的互动以及互构关系，认为声音政治蕴含了负责任、敢担当的政治形象。中国人民大学博士研究生李政从技术视角考察了人民广播事业的历史脉络与发展进路，梳理了从早期无线广播和有线广播到卫星广播和调频广播再到数字化广播等不同阶段人民广播技术的更迭与受众关系，认为新媒体语境下人民广播事业的进路应向“超越广播”方向发展。

（二）“守正创新”：新文科助力，育新人谱新篇

党的十八大以来，我国进入实现中华民族伟大复兴的关键时期，世界正经历百年未有之大变局。习近平总书记在治国理政中把“守正创新”科学概念突出地提到全党面前，赋予守正创新在新时代党和国家各项事业改革发展中普遍性的指导意义。播音主持学科教育也应坚守“守正创新”理念，守马克思主义之正、守播音主持学科体系之正、守培英育才教育规律之正，创思政教育模式之新、创学科融合发展

之新、创专业人才培养道路之新。在“守正创新”理念引导下，播音主持学科教育也应乘“新文科建设”教育东风。2020年，教育部新文科建设工作组主办的新文科建设工作会议发布《新文科建设宣言》，对新文科建设作出了全面部署。本届论坛专门开设“新文科建设与主持传播人才培养”分论坛，与会专家、学者与一线高校教师纷纷立足于播音主持学科发展的实际情况，提出播音主持学科教育要顺应新文科建设发展节奏，将思政教育融入课程体系，创新人才培养模式，善用新科技仪器设备，关注传媒行业动态，注重知识生产，注重立德树人。

中国人民大学新闻学院教授高贵武探索新文科机遇下的播音主持学科重构进路，要建构播音主持学科的逻辑新起点，要对人才培养中“通才”与“专才”进行重新定位，要拓展学科建构疆界，转换学科建构范式。他认为新的逻辑起点上的知识生产与学科范式建构，既是播音主持学科对学科发展瓶颈与不足的改进和优化，也是对新科技条件下学科再造和升级的突破。知识图谱的重建、知识生产范式的建构、人才培养体系的更新等将是播音主持学科当前紧迫而重要的任务。宁波财经学院教授金重建提出检验艺术类课程混式教学效果的三个维度，即从技术和艺术、理论和实践、语体类型和受众定位三个层面明确混合式教学的检验标尺，并伴随教学实践进行跟踪，以真正达到教有所获，学有所得。中央戏剧学院电影电视系教授刘云丹探讨了主持艺术与表演艺术的共生问题，提出主持人与演员的交叉圆点是三位一体的，即将创作者、创作工具和素材、创作成果集于一身；从表演心理学角度出发，认为主持人的行动是以主持人自身的心理行动以及内心视像为基础，以节目内容需要为出发点，运用语言行动以及形体行动，进行信息传播、交流、沟通的一切行动的总和。山东师范大学教授姜燕认为在疫情时代，播音主持艺术培养进入“倍速播放”模式，工业化形式的生产使播音主持艺术人才的艺术感知能力下降，因而她提出关于艺术感知能力的三点思考：第一个是热身，第二个是还原，第三个是神似。热身，是艺术呈现开始之前的热身；还原是艺术对生活的模糊而有创造性的艺术化的复制，一切的艺术呈现都能够在虚拟的场景中找到体现其自身的原处来源；神似源自绘画艺术，强调去表演化，即不能靠生硬的技术呈现。

习近平总书记在《求是》杂志中发文说：“守正就不能偏离马克思主义。”播音员、主持人历来被称为“党和政府的喉舌”，播音主持学科在兼备新闻属性与艺术属性的同时更应将党性放在第一位。河北大学新闻传播学院教授李亚虹以河北大学播音与主持艺术专业为例，提出要充分发挥综合性大学优势，打造“五维一中心”的培养模式，即以思政教育为中心，从校内教学——线上线下相结合、课程考核——台上台下相结合、实践教学——校内校外相结合、学术拓展——国内国际相结合、学科建设——历史未来相结合五个维度培养学生。上海师范大学讲师姜杉认为在新文科背景下加强高校播音主持专业“课程思政”教学体系的研究与构建势在必行；要从课程思政对新时代播音主持专业人才培养的重要性角度出发，结合专业老师的教学方法和在校学生的教学体验加以论述，探索一条“课程思政”改革的实践之路。西南政法大学博士研究生张消夏认为大思政教育模式的构建是一个不断探索、不断修正的过程，应该进一步深化课程思政教学改革，发掘播音与主持艺术课程蕴含的思政元素，充分发挥课堂教学的主渠道作用，推动学生日常线上线下课程的深度融合，提升专业育人新实效，努力培养新时代要求的传媒人。衡水学院讲师刘婷认为做好融媒体时代的信息生产者、把关人、文化宣传员、主流价值引领示范者、社会情绪稳定员、产业运营的推广人，是融媒体时代新文科建设背景下对播音主持人才的新要求。过硬的政治素养、全媒体的采编播制能力、超学科融合的文化素养、跨行业的主持传播能力是构成播音主持人才融媒素养的主要内容。

浙江传媒学院副教授王一婷在媒介转型时期播音主持艺术教学新路径中聚焦学生素养，认为播音主持专业在人才培养上应当灵活转化思路、时刻关注媒体现状、紧跟市场需求、拓宽培养路径、继续深耕分层教学及差异化教学、持续探索数据驱动下的适应性教学，不断完善评价标准的维度及导学方案的设计，始终重视教学团队成员的梯队建设及成果转化，从而实现课程体系的价值重塑与产教融合的协同创新，完成高校的育人使命和价值显现，赋能播音主持行业的未来发展。四川师范大学杨小锋教授结合当下播音与主持艺术本科教学对专业课师资的需求，提出了要播音与主持艺术专业教师“实践上向艺术家看齐，科研上向学者看齐，教学上向名师看齐”，并要求播音主持专业研究生从播音主持实践、科研和教学能力培养三个方面强化学习。深圳大学副研究员张庆从视听新媒体和主持传播的关系阐述入手，认为视听新媒体主持传播具有互动、用户、共享、角色的特点，提出了播音主持艺术作为以艺术为基态的信息传播形态，要发展全新的新媒体主持艺术理论。南京传媒学院教师杜洋以南京传媒学院为例，探究新文科建设背景下播音主持人才培养模式，要拓展“新”，用新元素教学助力专业建设；关注“文”，让专业课教学对接市场需求。建设“科”，让项目制教学促进成果产出。广州大学教师彭雨晴、许莹冰建构了粤语国际传播人才培养的知识、情感、能力目标体系，提出人才培养在语言基础、岭南文化、地缘情感、国际视野、媒体合作五个方面的行动逻辑，力求在系统化、时代化、科学化的人才培养理念的统领下，建设一支能够讲好中国故事、传播地域文化、联结地缘情感、促进民心相通、兼顾信息传播与文化传播功能的高素质的粤语国际传播人才队伍。滁州学院讲师叶盛世在充分了解播音主持专业当前人才培养和就业过程中面临的难题的基础上，站在其创新发展所处的新全球化的传播格局角度，根据行业需求和自身需要，深入分析了播音主持专业在人才培养、社会服务、专业课程体系方面的创新及不足，对课程理论的构建、知识体系的拓展和人才培养的前瞻性进行关照，通过对新文科建设的视角的契合，以期进一步提升播音与主持艺术人才的专业特色与实践意义。华东师范大学硕士研究生赵馨立足于本雅明的“灵韵论”，认为主持艺术的社会性散发在主持传播的传播信息生产、传播主体塑造和传授双方交流三个部分，同时认为艺术“灵韵”体现着旧制度中蕴含着新生机的法则，面对新技术对于主持传播的考验，艺术美感始终伴随主持传播的发展而发展，从“灵韵”到“主持艺术研究”依然道阻且长。

播音主持专业是以声音为工具的学科，但播音主持学科研究却离不开科学的研究方法。在本届论坛中，来自不同高校的播音主持专业教师运用先进科学仪器与专业分析软件和研究方法对播音主持教学方法、学科发展、科研现状等方面进行研究。北京大学博士研究生杨洁将可视化、可量化的方法应用到语音四要素的声学分析、嗓音生理研究、呼吸研究等内容中来，使学生能够更加清晰地认识和改正自身语音问题。西安外事学院讲师、USM博士生李坤通过Cite Space文献计量软件对中国知网（CNKI）数据库收录的2001—2021年有关高校播音与主持艺术教育研究的348篇文献进行可视化处理；用科学图谱的方式对高校播音主持教育研究的关键词共现、研究机构等内容进行分析，呈现出我国高校播音主持艺术专业教学研究的发展脉络和热点趋势，探索播音主持艺术教育的盲点和可开拓空间。浙江传媒学院讲师李斌从开设院校、招生数量、培养方向、开设课程、教学方式等方面探究全国播音主持艺术专业的教育现状，指出该专业存在师资结构不合理、培养体系不科学、专业设置混乱等问题。

三、横向之变：产业发展开拓研究边界

在研究领域上，与会专家、学者仍热切关注公共口语传播领域，并多从时空角度对媒介环境中的新变化新发展进行关注。本届论坛更借助2022年北京冬奥会的东风开设奥运传播分论坛，探讨冰雪运动解说、解说人才培养、冰雪运动节目等时代前沿的热点话题，以期助力我国冰雪事业的发展。同时论坛还聚焦业界网络音频

产业，以翔实的理论研究关照业界动态。

（一）公共口语传播：时空视野与媒介景观相交织

深圳大学传播学院副教授战迪聚焦数字媒体时代主持传播的情感结构，认为混合媒体场景中的主持传播理论应将“共情”作为理想的传播诉求，打破将情感视为非理性的生物学冲动的固有成见，在生态性思维的统摄下构建话语体系。四川师范大学副教授米斯茹深耕“声音景观”领域，认为技术的发展对讲故事这一古老的传媒现象已经产生影响。并以AI讲鬼故事为例，认为伴随技术的兴起，现代声音景观中呼唤感性的“魅惑”，讲好中国故事要重新回归到人与人之间拟态的、面对面沟通的后现代景观中来。福建师范大学教师马晓璐从女性气质视角来观察台湾地区汉语的传播，从语言学、语音学的角度观察分析台湾地区普通话语音的整体文化现状。通过解读声音意义，印证两岸间文化与语言的千丝万缕的联系，建构两岸文化交流桥梁。台湾政治大学博士研究生吴煌关注两岸青年亚文化，以《中国有嘻哈》为例，探究语言传播视野下华语说唱的思想流变。天津传媒学院副教授张妍认为后疫情时代媒介传播呈现出在传播样式上融媒传播和信息茧房交织，在传播内容上社会决策和个体关爱结合，在传播功能上信息引导、疏导融汇的特点。而面对公共卫生事件，主持人也要强化喉舌意识、朋友意识、行家意识，以更敏锐的嗅觉和更多元的视角呈现更专业的内容以满足受众需求。河北大学硕士研究生潘文建基于方言间的张力探讨了城市外来务工者的族群认同，认为社会因素、政治因素和多语言因素的困境是造成方言张力的主要原因。同时认为要借用教育、艺术、传统文化习俗等方式传承和保存各个族系所特有的方言，扩大族群卷入的范围。

北京体育大学讲师李晶研究空间视角下主持传播的核心逻辑和路径，认为人类存在与活动实践以时空为基本向度，在探讨主持传播的同时，不能只探讨时间维度，而应该把空间维度也重视起来。同时认为，空间转向是伴随着后现代话语产生的一种批判性视角，为未来哲学社会科学研究提供了新鲜的活力，也会为主持传播领域提供更多动力。中国传媒大学博士研究生孟湛东将谈话节目主持人定位成受访嘉宾的“倾听者”、观众的“代言人”和谈话场的“掌控者”，认为谈话节目主持人面对嘉宾与观众要坦诚、尊重，要从观众角度巧妙提问，并要善于倾听，从小处着手，多元介入，提升主持人公信力。山东师范大学教授姜燕和硕士研究生李黛雅认为新旧媒体的融合发展既是电视新闻评论节目发展的必然趋势，也是传统媒体在互联网时代寻求创新突破的必由之路。通过研究新闻评论员白岩松在《新闻1+1》中独具魅力的语言风格，为新闻评论节目中主持人的可持续性发展提供了可行路径。中国传媒大学硕士研究生丁韬文和上海戏剧学院教师李泽鹏以东方卫视《主播有新人》节目为例，探讨主持人选拔节目中传播主体、用户客体、节目本体在融媒体传播语境之中的融通关系，为主持人选拔节目的未来发展提供了创新指引。华东师范大学硕士研究生胡康聚焦综艺娱乐类主持传播中“小鲜肉”的呈现，认为在注重“小鲜肉”传播价值的同时，也要防止其中的负面效应促使社会审美与主持传播专业水平产生偏差。

（二）奥运赛事传播：实践应用和理论指导相结合

河北大学李亚虹教授与本科生周子涵采用语言学理论，使用NVivo 11词频分析软件，分析我国高山滑雪解说内容和语言表达样式，探索高山滑雪项目的解说特点及其解说变化趋势，进而提出提升我国雪上项目解说水平的建议：对运动项目的热爱、注重解说节奏、精准描述细节等，此外，还应做好知识普及、技战术分析和民族文化与奥运精神的交汇融合，讲好冬奥赛场上的中国故事。北京体育大学博士研究生胡华聚焦中国冰雪运动赛事解说的服务型研究，通过文献分析、个案研究和问卷调查等研究方法，发现目前存在专业表述不够精确、补充阐释不够及时、背景信息有待深挖、情感倾向较为明显等问题，提出增加体育知识、提升专业表达，满足受众需求，回归受众意识，聚焦观赏评析，倡导上冰体验，理性表达情感，促进互动需求等建议。北京体育大学薛文婷教授和硕士研究生孟庆潇在媒介生态学视域下研究体育解说生态系统的演化和发展思考，认为媒介生态包含自然环境、社会环境、一级生产者、二级生产者、消费者和分解者等内容。将国内体育解说发展分为起步阶段、发展阶段、停滞阶段、发展成熟阶段和创新变革阶段，分析其发展逻辑，并提出构建动态开放运行、层次多样化创新、强化协同发展的体育解说发展策略。西南大学苟凯东教授和硕士研究生郭方舟从叙事时空、叙事场景、叙事逻辑等角度出发，聚焦东京奥运会中赛事解说员和体育记者在智能时代和疫情时代呈现出的主持传播新特点，提出智能时代的奥运传播要坚守人文思维与理性思维相结合，同时也要随着时代和场景变换融入新的叙事特点。

北京体育大学讲师宋扬基于全国体育解说人才培养现状，基于北京体育大学现实情况，将“MCN”网红达人运营模式运用到高校体育解说应用型人才培养中来，为学生打造成长与晋升的阶梯，为市场提供媒体选人用人的可靠途径，为学校创新人才培养模式。北京外国语大学博士研究生张帅在符号学视域下从人物构建、环节叙事和空间呈现三个角度对冰雪真人秀节目《冬梦之约》进行解读，总结节目的优点与不足，为冰雪运动节目发展拓展空间。

（三）网络音频产业：学界思考与业界动态相呼应

北京冠声文化传播有限公司CEO、中国播音主持网CCO杜远智梳理了中国网络音频发展的四个阶段：即2011到2014的探索时期，2015到2016的版权时期，2017都2019的内容付费时期，2020至今的生态构建期。他认为“音频内容+社交互动”的模式为网络音频产业提供了新的消费内容，带来了新的商业模式。中国人民大学教授高贵武与西藏民族大学副教授王彪关注了播客与传统广播之间的一些区别，将播客称作为“声音里的抖音”，认为在视觉霸权时代，要立足声音的特质，发掘播客的社交化场景潜力，拓展功能性的场景，弥补生产场域的不足，借助主流的话语来融入社会公共空间，以此扭转听觉文化所处的弱势局面。河北大学硕士研究生牛凤鸣认为有声读物对现代社会的适应性、对传统出版物的兼容性以及对各类创作阅读人群的包容性，使其在互联网时代迎来快速发展。然而，有声读物在为人们带来新鲜便捷的阅读体验的同时，也面临着诸如内容同质化严重、质量参差不齐、知识共享性缺失、版权问题有待解决等问题的挑战。

中国人民大学硕士研究生、北京冠声文化有声创新部总监段鸥鹏以多人有声剧为例对网络音频内容的生产模式与能动进行研究，指出目前有声书市场中有制作者、演播者和平台配合不协调的问题。湖南广播电视台博客电台负责人李立伟介绍了全国首家播客电台FM106.9的前世今生。该播客电台在未来发展中力求以科技为支撑，将一线广播内容创作者从24小时繁重的直播任务中解放出来，专注打造更多面向全国受众的原创优质音频内容产品。喜马拉雅2020百大主播、2019十大人气主播、娱乐十大实力主播朱宇详细讲解了有声书内容独立生产流程，鼓励新人入场。同时在演播技巧上提供建议，希望科班新人在涉足有声书领域后能够丢掉科班偶像包袱，减少自我欣赏的技巧分析，忘掉技巧，专注于表达，多多研读文本。配音演员、配音导演谢逸辉认为语音面貌好、气息支撑强、内外部技巧掌握扎实是播音跨向影视配音行业的优点，但基于新闻播音的特性，过于冷静也是播音出身的配音演员的短板。同时指出，播音是站在第三视角报道事件，而配音是事件当中的那个人的发声。配音演员在扎实掌握基本功的前提下要使自身的技巧服务于内容，突出情感的重要性。

中国人民大学副校长胡百精教授在开幕式上说：“主持传播研究要向学、向史、向人”，本届论坛真实体现了三个面向所展示的三个维度：向学——深耕媒介变革内涵，以学科交叉视角开拓研究领域；向史——关注学科发展的前世今生，乘新时代东风助力播音主持新文科建设；向人——思考新旧媒体主持人在不同时代不同平台的转型发展，彰显人格化魅力以适应时代步伐。智能时代的到来对媒介生态所引发的一系列变革，既是时代发展的产物，也是人类社会生产力大发展的直接体现。河北大学新闻传播学院院长韩立新在开幕式上以马克思主义新闻学观点洞察“人的视角历史性存在”，认为“人存在于现代化大生产当中”。当不断发展的生产力推动着媒介环境和媒介技术发生变化之时，掌握主持传播能力的人也必须做出改变，以适应社会生产力的上升，顺应时代发展。本次论坛围绕“价值·流变——智能时代的主持传播”，各位与会嘉宾、专家学者、老师同学都以学科之“变”探索行业之路。无论是真人还是虚拟人，无论是新媒体还是传统媒体，无论是学术研究还是业界实践都不可能一成不变，只有“变”才会加速学科发展，才会促使社会变革，才能推动人类历史不断向前。

图书在版编目(CIP)数据

中国主持传播研究. 2022 / 高贵武总主编；李亚虹主编. -- 北京：中国传媒大学出版社，2022.9

ISBN 978-7-5657-3248-5

Ⅰ. ①中… Ⅱ. ①高… ②李… Ⅲ. ①主持人—传播学—中国—2022—丛刊 Ⅳ. ①G222.2-55

中国版本图书馆 CIP 数据核字(2022)第 140562 号

中国主持传播研究(2022)

ZHONGGUO ZHUCHI CHUANBO YANJIU(2022)

总 主 编 高贵武
主　　编 李亚虹
执行主编 卜晨光　薛　翔
责任编辑 黄松毅
特约编辑 李　婷
责任印制 阳金洲
封面设计 宇宙尺度

出版发行 中国传媒大学出版社
社　　址 北京市朝阳区定福庄东街 1 号　**邮　　编** 100024
电　　话 86－10－65450528　65450532　**传　　真** 65779405
网　　址 http://cucp.cuc.edu.cn
经　　销 全国新华书店

印　　刷 唐山玺诚印务有限公司
开　　本 787mm×1092mm　1/16
印　　张 11.75
字　　数 210 千字
版　　次 2022 年 9 月第 1 版
印　　次 2022 年 9 月第 1 次印刷

书　　号 ISBN 978-7-5657-3248-5/G·3248　**定　　价** 59.00 元

本社法律顾问：北京嘉润律师事务所　郭建平